Pierre Laurenz

Energiewende Deutschland

Kann der Strommarktsimulator GemCast
den zukünftigen Energiemix und Strompreis
zuverlässig berechnen?

Diplomica Verlag GmbH

Laurenz, Pierre: Energiewende Deutschland. Kann der Strommarktsimulator GemCast den zukünftigen Energiemix und Strompreis zuverlässig berechnen?, Hamburg, Diplomica Verlag GmbH 2016

Buch-ISBN: 978-3-95934-992-5
PDF-eBook-ISBN: 978-3-95934-492-0
Druck/Herstellung: Diplomica® Verlag GmbH, Hamburg, 2016

Bibliografische Information der Deutschen Nationalbibliothek:
Die Deutsche Nationalbibliothek verzeichnet diese Publikation in der Deutschen Nationalbibliografie; detaillierte bibliografische Daten sind im Internet über http://dnb.d-nb.de abrufbar.

© Diplomica Verlag GmbH
Hermannstal 119k, 22119 Hamburg
http://www.diplomica-verlag.de, Hamburg 2016
Printed in Germany

Inhaltsverzeichnis

Abbildungsverzeichnis

Tabellenverzeichnis

Abkürzungsverzeichnis

BDEW	Bundesverband der Energie- und Wasserwirtschaft
BK	Braunkohle
BMWi	Bundesministerium für Wirtschaft und Energie
BNetzA	Bundesnetzagentur
CSP	Fraunhofer-Center für Silizium-Photovoltaik
DESTATIS	Statistisches Bundesamt
DLR	Deutsches Zentrum für Luft- und Raumfahrt
DTU	Technical University of Denmark
EE	Erneuerbare Energien
EEG	Erneubare-Energien-Gesetz
EEX	European Energy Exchange
ENTSO-E	Verband Europäischer Übertragungsnetzbetreiber
EPEX SPOT	European Power Exchange
EWI	Energiewirtschaftliches Institut an der Universität zu Köln
GemCast	Simulation of the German electricity market
GK	Grenzkosten
GuD	Gas- und Dampfturbinen
IER	Institutes für Energiewirtschaft und Rationelle Energieanwendung
IIRM	Institut für Infrastruktur und Ressourcenmanagements
ISE	Fraunhofer-Institut für Solare Energiesysteme
IZES	Institut für ZukunftsEnergieSysteme
KIT	Karlsruher Institut für Technologie
KW	Kraftwerk
MOEZ	Fraunhofer-Zentrum für Internationales Management und Wissensökonomie
PIK	Potsdam-Institut für Klimafolgenforschung
PV	Photovoltaik

SK	Steinkohle
TKSS	Thomas Kast Simulation Solutions
UDE	Universität Duisburg-Essen
ÜNB	Übertragungsnetzbetreiber
ZIRIUS	Zentrum für Interdisziplinäre Risiko- und Innovationsforschung der Universität Stuttgart
ZNES	Zentrum für nachhaltige Energiesysteme

1 Einleitung

Der deutsche Strommarkt ist im Umbruch – die Energiewende hat begonnen. Die Nutzung von konventionellen Energieträgern verliert zunehmend an Akzeptanz und die Erneuerbaren Energien sollen sie nach und nach ersetzen. Diese Umstrukturierung ist sehr komplex und der Umfang ist enorm. Um diese gesamtgesellschaftliche Herausforderung bewältigen zu können, ist es notwendig einen Weg zu finden, der ökologisch, volkswirtschaftlich und sozial verträglich ist. Dazu müssen mögliche Entwicklungspfade untersucht und bewertet werden. An dieser Stelle knüpft diese Studie an.

Mit dem Simulationsprogramm GemCast können Szenarien über die zukünftige Entwicklung des Strommarktes erstellt werden. Solche Szenarien ermöglichen es, verschiedene Umbaupfade des Kraftwerksparks zu vergleichen und Trendvorhersagen zu treffen. Dazu berechnet Gem-Cast für einen vorgegebenen Zeitraum bei jedem Zeitschritt – beispielsweise stündlich – den Spotmarkt-Strompreis sowie den Energiemix. Dabei werden jeweils alle eingesetzten konventionellen Kraftwerke dokumentiert. Die Ergebnisse lassen Rückschlüsse über das Ausmaß des CO_2-Ausstoßes zu. Auch Änderungen der Preisniveaus an der Börse werden ersichtlich, wodurch gleichzeitig die damit verbunden Auswirkungen auf die EEG-Umlage und die Haushaltsstrompreise geschätzt werden können. Neben dem Preisniveau können auch zukünftige Preisverläufe abgebildet werden, wodurch beispielsweise die Rentabilität von Energiespeichern abgeschätzt werden kann.

Die durch GemCast gewonnen Erkenntnisse könnten also zu verschiedenen Diskussionen bzgl. des Strommarktes beitragen. So wurde beispielsweise noch nicht abschließend geklärt, ob das gegenwärtige Strommarktmodell bei zunehmender Einspeisung durch Erneuerbare Energien optimal funktioniert. In diesem Zusammenhang werden derzeit unterschiedliche Alternativen besprochen, beispielsweise eine Weiterentwicklung des derzeitigen Strommarktdesigns. Darüber hinaus könnte geprüft werden, ob und unter welchen Voraussetzungen die Versorgungssicherheit gewährleistet ist.

Die Simulationsergebnisse bzw. Szenarien sind nur dann aussagekräftig, wenn GemCast überprüft bzw. validiert wurde. Dazu werden die Ausgabeparameter der Simulation mit jenen des abgebildeten realen Systems verglichen und die Abweichungen bewertet. Genau das ist der Kern dieser Studie. Die Frage lautet also: „Wie glaubwürdig ist GemCast?".

1.1 Ziel der Studie

Bislang ist unklar, inwieweit GemCast plausible Ergebnisse berechnet. In dieser Studie soll die Realitätstreue von GemCast gemessen werden. Dazu soll zunächst geklärt werden, ab welcher Grenze das Programm valide ist. Anschließend soll die Validität anhand eines Rückvergleichs ermittelt werden. D. h. die Vergangenheit wird simuliert und die Ergebnisse werden mit historischen Werten verglichen. Sollten die „Vorhersagen" in die Vergangenheit korrekt sein, sollte es möglich sein mit GemCast auch zukünftige Entwicklungen abzuschätzen. Dabei muss zusätzlich sichergestellt werden, dass GemCast auch bei möglichen Marktveränderungen, die es in der Vergangenheit nicht gegeben hat, realistisch arbeitet. Dazu soll die Arbeitsweise von GemCast im Detail erfasst und mit den Mechanismen am Strommarkt verglichen werden.

Um mit GemCast Szenarien zu erstellen, müssen die Eingabeparameter des Programms an der angenommenen zukünftigen Entwicklung ausgerichtet werden. Dazu werden historische Datensätze angepasst. Um beispielsweise das Jahr 2025 zu simulieren, können Daten aus 2015 genutzt werden. Diese werden entsprechend der angenommenen Entwicklung angepasst. Somit fungiert in diesem Beispiel das Jahr 2015 als Referenzjahr. Durch den Rückvergleich ist es möglich, den Einfluss dieses Vorgehens zu beurteilen: Wird ein Jahr aus der Vergangenheit einmal mit genauen historischen Daten simuliert und anschließend ein zweites Mal mit angepassten Referenzdaten eines anderen Jahres, gibt der Vergleich der Ergebnisse Aufschluss über Abweichungen, die durch dieses Vorgehen entstehen. Dieser hier sogenannte *Szenariofehler* soll ebenfalls abgeschätzt werden.

.

1.2 Aktueller Stand der Forschung

Die Tabelle 1 auf der folgenden Seite gibt einen Überblick über ähnliche Strommarktsimulationen. Dabei wird unter anderem jeweils der Grundaufbau des zugrunde gelegten Modells angegeben. GemCast basiert auf einem partiellen Gleichgewichtsmodell. In jedem Berechnungszeitpunkt sind die Stromerzeugungsmenge und die Stromnachfrage gleich groß bzw. im Gleichgewicht. Dabei werden vorgegebene angenommene zukünftige Entwicklungen untersucht. Im Gegensatz dazu werden in vielen anderen Projekten lineare Optimierungsmodelle zugrunde gelegt. Dabei soll eine gewählte Zielfunktion bei gegebenen Restriktionen maximiert oder minimiert werden. Dadurch kann beispielsweise berechnet werden, wie sich der Strommarkt entwickeln müsste, um, je nach Zielvorgabe, optimal zu funktionieren. Darüber hinaus gibt es Agenten basierte Modelle. Dabei werden die verschiedenen Marktakteure als Agenten programmiert, die durch unterschiedliche Entscheidungsmerkmale gekennzeichnet sind. Das Systemverhalten ergibt sich dann aus dem Zusammenspiel dieser Agenten. Der dadurch i. d. R. höhere Komplexitätsgrad soll eine genauere Abbildung des realen Systems ermöglichen.

Eine genaue Beschreibung der einzelnen Projekte sowie ein Vergleich mit GemCast war aufgrund der verfügbaren Ressourcen in dieser Studie nicht möglich. Die Übersicht dient als Ausgangspunkt für weitergehende Nachforschungen. Vermutlich birgt der Austausch und die Zusammenarbeit mit diesen Projekten ein großes Potenzial.

2

Tab. 1: Ähnliche Projekte im Überblick (*Open Source)

Name	Entwickler\innen	Veröffentlichung	Grundaufbau	Modellierte Region	zeitliche Auflösung	regionale Auflösung
E2M2s	IER & UDE	2004	lineares Optimierungsmodell	Mittel- & Westeuropa	zweistündlich	Länder
JMM	DTU, IER & UDE	2006	lineares Optimierungsmodell	Skandinavien und D	stündlich	1-3 Regionen pro Land
Power ACE	KIT	2007	Agenten basiert	EU27 + 2	stündlich	Länder
TIMES PanEU	IER	2008	lineares Optimierungsmodell	EU27 + NO, IS, CH	stündlich	Länder
DIMEN-SION	EWI	2011	lineares Optimierungsmodell	EU27	frei wählbar	Länder
AMIRIS	DLR, ZIRIUS, TKSS, IZES	2013	Agenten basiert	D	stündlich	Land
EMMA*	PIK	2013	partielles Gleichgewichtsmodell	Nordwest-europa	stündlich	Länder
renpass*	ZNES	2014	lineares Optimierungsmodell	Nordwest-europa	stündlich oder viertelstündlich	21 Subregionen in D, sonst Länder
MICOES	IIRM & MOEZ	2014	lineares Optimierungsmodell	D	stündlich	Land
GemCast	CSP	geplant für 2016	partielles Gleichgewichtsmodell	D	viertelstündlich bis stündlich	Land

3

1.3 Aufbau des Buches

Der Hauptteil besteht aus den Kapiteln Grundlagen, Daten, Ergebnisse und Diskussion. Im 2. Kapitel werden notwendige Grundlagen zum Verständnis des Strommarktes erklärt. Ferner wird das Modell, anhand dessen die Simulation realisiert wurde, beschrieben. Anschließend wird der Simulator GemCast und die Methodik der Validierung vorgestellt. An dieser Stelle wird auch geklärt, ab wann GemCast als valide eingestuft werden kann. Im nächsten Kapitel werden Daten, die für den Rückvergleich notwendig sind, vorgestellt und etwaige Anpassungen werden erläutert (Kap. 3).

Im weiteren Verlauf werden die Simulationsergebnisse des Rückvergleichs präsentiert und analysiert (Kap. 4). Dabei wird zunächst überprüft, ob GemCast Trendvorhersagen in die Vergangenheit zulässt. Im nächsten Schritt wird die genaue Arbeitsweise von GemCast mit der Realität verglichen, um etwaigen Abweichungen verstehen und beurteilen zu können. Überdies werden die Ergebnisse diskutiert und eventuelle Verbesserungsvorschläge skizziert (Kap. 5).

Damit die Ergebnisse der Studie nachvollziehbar und reproduzierbar sind, sind dem Buch alle der Validierung zugrunde gelegten Daten virtuell angehängt (A.3).

2 Grundlagen zum Verständnis der Studie

Das Programm GemCast simuliert den deutschen Strommarkt. In diesem Kapitel werden die für das Verständnis der Studie notwendigen Grundlagen des deutschen Strommarktes (Absch. 2.1) und des Simulators GemCast (Absch. 2.2) beschrieben. Darüber hinaus wird die Methodik zur Validierung vorgestellt und die Fehlertoleranz definiert (Absch. 2.3).

2.1 Der deutsche Strommarkt

Im Folgenden werden zunächst die Strukturen des Handels skizziert. Anschließend werden die für das Programm wesentlichen Teile des Marktes genauer beleuchtet.

Auf dem Strommarkt sind verschiedene Akteure[1] direkt und indirekt beteiligt: Vom Kleinsterzeuger mit privater Photovoltaik (PV)-Anlage bis hin zu den vier großen Energiekonzernen RWE, EON, Vattenfall und EnBW – von industriellen Großabnehmern, wie beispielsweise der Deutschen Bahn, bis hin zum privaten Ein-Personen-Haushalt. Es gibt unterschiedliche Wege, die der gehandelte Strom[2] nimmt bevor er den Endkunden erreicht, wobei er oft mehrere Stationen passiert.

Der erste Schritt ist der vom Erzeugenden auf den Markt. Dabei gibt es grundsätzlich drei Möglichkeiten: (1) Entweder verkaufen die Erzeugenden, beispielsweise RWE oder ein direkt vermarktender Erneuerbare Energien (EE)-Erzeuger, ihren erzeugten Strom direkt an solche Unternehmen, die große Mengen Strom benötigen oder an solche, die als Stromzwischenhändler agieren. Hierbei werden i. d. R. langfristige Verträge mit fester Abnahmemenge und festem Preis pro MWh[3] ausgehandelt (der sog. *Over-the-Counter (OTC)-Handel*, zu Deutsch *außerbörslicher Handel*). (2) Das Gegenstück bildet der Börsenhandel: Hier können Erzeugende – oder auch Stromzwischenhändler – ihr Produkt auf dem Markt frei anbieten. Dabei gibt es eine Vielzahl von Handelsoptionen, auf die im Folgenden noch eingegangen wird. [Eur07] (3) Die dritte Möglichkeit betrifft Strom, der von Anlagen erzeugt wird, die durch das Erneuerbare-Energien-Gesetz (EEG) gefördert werden. Dieser wird per Gesetz vorrangig eingespeist und damit quasi auch vorrangig verkauft. Diesen Prozess organisiert die Bundesnetzagentur (BNetzA) mithilfe der EEG-Umlage (EEG § 85 Abs. 1 Satz 2).

Nachdem der Strom auf dem Markt angeboten wurde, wird er dort oft mehrere Male ge- und wieder verkauft, zum Beispiel von Banken, Energiekonzernen oder Stromhändlern. Von diesem Handeln ausgenommen ist Strom, der durch das EEG gefördert wird. Im letzten Schritt wird

---

[1] Aus Gründen der besseren Lesbarkeit wird auf die gleichzeitige Verwendung männlicher und weiblicher Sprachformen verzichtet. Maskuline Personenbezeichnungen in dieser Studie gelten gleichermaßen für Personen weiblichen Geschlechts.

[2] Mit dem Begriff *Strom* ist im Folgenden elektrischer Strom gemeint.

[3] Mit MWh wird im Folgenden stets die elektrische Energie (MWh_{el}) angegeben.

der Strom an einen Endkunden verkauft und dort gebraucht.

Für den Strompreis, und demnach auch für diese Studie, ist der Handel an der Börse von besonderer Bedeutung: Von den hier ausgehandelten Strompreisen werden alle anderen Preise abgeleitet [Wie10, DKM+07]. An der Börse wird grundsätzlich zwischen Spot- und Termingeschäften unterschieden.

Börsenhandel am Spotmarkt

Am Spotmarkt European Power Exchange (EPEX SPOT), mit Hauptsitz in Paris sowie Niederlassungen in Bern, Leipzig und Wien, werden *Intra-Day-* und *Day-Ahead*-Produkte für verschiedene Marktzonen gehandelt. Der hier gehandelte Strom wird also am selbigen oder am kommenden Tag virtuell[4] geliefert. Dabei gibt es verschiedene Handelsmöglichkeiten, die sich in der zeitlichen und örtlichen Ausgestaltung unterscheiden.

So bilden beispielsweise Deutschland und Österreich für den *Day-Ahead*-Handel gemeinsam eine Handelszone, wo hingegen im *Intra-Day*-Handel Deutschland allein eine Zone darstellt. Darüber hinaus werden die Handelszonen in Lieferzonen unterteilt, welche in Deutschland durch die vier Netzbetreibergebiete definiert sind.

Die zeitliche Produktauflösung reicht von 15-Minuten-Kontrakten (*Intra-Day-Auction* & *Intra-Day-Continuous*) bzw. Ein-Stunden-Kontrakten (*Day-Ahead*) bis hin zu 24-Stunden-Blöcken. Die bekannteste Blockunterscheidung wird zwischen *Base* (0–24 Uhr) und *Peak* (8–20 Uhr) gemacht, wobei es viele weitere Blöcke gibt, beispielsweise *Rush Hour* (17–20 Uhr), die teilweise auch individuell ausgestaltet werden können (*Smart Blocks*).[5] Alle Produkte, die am Spotmarkt gehandelt werden, werden durch den Preisindex PHELIX® zusammengefasst. Dieser Index gibt für jede Stunde eines Tages sowie für *Base*, *Peak*, *Offpeak I* (0–8 Uhr) und *Offpeak II* (20–24 Uhr) einen Preis an, welcher sich aus dem volumengewichteten Mittelwert aller zu dieser Zeit gehandelten Produkte bildet. [Eur15d] Die Preisbildung der einzelnen Produkte wiederum findet grundsätzlich über Gebote der Nachfrage- und Angebotsseite statt. Dieses Prinzip wird im Abschnitt 2.1.1 erläutert.

Am Day-Ahead-Markt betrug 2014 das Handelsvolumen 263 TWh und am Intra-Day-Markt 26 TWh. Insgesamt stieg das Handelsvolumen von 2013 auf 2014 um 8,2 %. [Eur15b]

---

[4]Der Stromhandel ist grundsätzlich von der physikalischen Lieferung losgelöst. Die physikalische Lieferung geht immer direkt von allen Erzeugern zu allen Endnutzern und ist weder zeitlich noch örtlich genau auftrennbar. So ist der Stromhandel stets virtuell.

[5]Für weitere Details s. http://www.epexspot.com/en/

Der Terminhandel für Deutschland und Österreich findet an der European Energy Exchange (EEX) in Leipzig statt. Hier werden PHELIX®-*Futures* mit der zeitlichen Unterteilung in *Day*, *Weekend, Week, Month, Quarter, Season* und *Year* gehandelt. Dabei wird jeweils zwischen Base (0–24 Uhr), Peak (8–20 Uhr) und Offpeak (20–8 Uhr) unterschieden. Year-Futures können bis zu sechs volle Jahre im Voraus gehandelt werden, wobei dieser Zeitraum bei geringeren Lieferzeiten des Produkts stufenweise abnimmt. So können Day-Futures nur für die folgenden 34 Tage gehandelt werden. [Eur15a]

Grundsätzlich bilden sich die Preise der Futures auf Grundlage der am Spotmarkt ausgehandelten Preise. Dabei wird zwischen *physischen*, *finanziellen* und *Cap-Futures* differenziert. Beim physischen Future-Week-Base beispielsweise, wird der Preis vor Lieferbeginn anhand des mittleren Spotmarkt-Preises der vorangegangenen Woche bestimmt. Dagegen wird beim finanziellen Strom-Future-Week-Base der Preis erst nach Ablauf der Lieferperiode bestimmt, gebildet aus dem Mittelwert der Spotmarkt-Preise während der Lieferzeit. Der Cap-Strom-Future wird auf Grundlage eines von der Börsengeschäftsführung gesetzten Referenzpreises kombiniert mit den Spotmarktpreisen ermittelt. Dadurch ergibt sich ein vom Spotmarkt teilweise unabhängiges Produkt.[6] Grundsätzlichen muss bei allen Produkten, auch bei denen des Spotmarktes, die Lieferung gleichmäßig auf alle Stunden der Lieferperiode verteilt sein. [Eur15a]

Im Jahr 2014 betrug das Handelsvolumen des Terminmarktes an der EEX 1337 TWh[7] und die gesamte Stromnachfrage in Deutschland betrug etwa 518 TWh [Eur15c]. Der Marktanteil der EEX lag 2014 in Deutschland bei 25 %. Der Marktanteil bezieht sich auf die Liefermengen, wodurch deutlich wird, dass die Handelsmenge größer ist, als die Liefermenge. Im Jahr 2005 betrug der Marktanteil der EEX in Deutschland 16 % [Lon07] und 2013 waren es 20 % und 2014 wie gesagt 25 % [Eur15b], bzw. 29 % inkl. Spotmarkt. Das gesamte Handelsvolumen, also auch das außerbörsliche, ist mehrfach größer als das tatsächliche Liefervolumen – im Jahr 2014 um ca. das Zehnfache. 2005 war das Verhältnis sechs zu eins [Eur07]. Sollten diese Trends anhalten, wird der Börsenhandel an Bedeutung und der Handel im Allgemeinen an Volatilität zunehmen.

Das Wichtigste für diese Studie zusammengefasst: Alle Strompreise leiten sich von den Börsenstrompreisen ab. Die Börsenstrompreise bilden sich auf Grundlage der Spotmarktpreise, welche wiederum in einem Preisindex zusammengefasst werden. Dieser Preisindex wird mit GemCast simuliert.

---

[6]Für weitere Details s. https://www.eex.com/de/.

[7]94,9 % Base-Futures, 5,0 % Peak-Futures und 0,1 % Off-Peak-Futures [Mat15b].

2.1.1 Das Merit-Order-Modell

Für die Modellierung des Strompreises hat sich das Merit-Order-Modell durchgesetzt, welches der Markttheorie über Angebot und Nachfrage folgt. Mithilfe dieses Modells kann zu jedem Zeitpunkt der Spotmarktpreis geschätzt werden. Anhand des Modells kann außerdem der Energiemix bestimmt werden. In diesem Abschnitt wird erläutert, auf welche Art und Weise das Modell den Strommarkt vereinfacht, also wie es funktioniert und welche Eingangsparameter es benötigt um die Ausgangsparameter *Strompreis* und *Energiemix* zu erzeugen. Im anschließenden Abschnitt wird gezeigt, wie und mit welchen Annahmen dieses Modell mit der Simulation GemCast umgesetzt wird (s. Absch. 2.2).

Die Merit-Order, auf Deutsch Einsatzreihenfolge, ist die Liste aller Kraftwerke, sortiert nach deren Grenzkosten zu einem bestimmten Zeitpunkt. Die Grenzkosten, auch Marginalkosten genannt, sind Kosten, die aufgewendet müssen, um eine weitere Energieeinheit x zum Zeitpunkt t bereit zustellen, also die variablen Kosten pro Einheit. Vereinfacht werden diese Kosten mit der folgenden Formel berechnet [RH10]:

$$GK(x,t) = BK(x,t) + EK(x,t) + BWK(x,t) \qquad (1)$$

GK	Grenzkosten [€/MWh]
BK	Brennstoffkosten [€/MWh]
EK	Kosten für Emissionsrechte [€/MWh]
BWK	variable Kosten für Betrieb und Wartung [€/MWh]
x	Energieeinheit [MWh]
t	Zeitpunkt

Die Markttheorie folgt dem Handelsprinzip an der Börse: Hier werden für ein bestimmtes Produkt, beispielsweise *Day-Ahead-Base 11–12 Uhr*, Angebote und Nachfragen durch Preis- und Mengenangaben abgegeben. Diese werden nach Preisen sortiert und der Preis, zu dem der größte Umsatz erfolgt, der sog. *Clearing*-Preis, gibt für alle Teilnehmer den Produktpreis vor. Im Modell wird das Handelsprinzip der Börse auf die gesamte Stromversorgung übertragen. Das bedeutet, dass im Modell, bei einer bestimmten Nachfrage bzw. Last im Netz, die Kraftwerke der Merit-Order folgend eingesetzt werden, um den Bedarf zu decken. Die Grenzkosten des letzten Kraftwerks, welches benötigt wird, um die Nachfrage schließlich auszugleichen, bestimmen den Strompreis. Die Abbildung 1 veranschaulicht dieses Prinzip[8]. Die Stromnachfrage in Deutschland ist weitgehend unelastisch. Das liegt vor allem an der Natur des Produkts Strom.

---

[8]Zum weiteren Verständnis s. [RH10] & [Sei09].

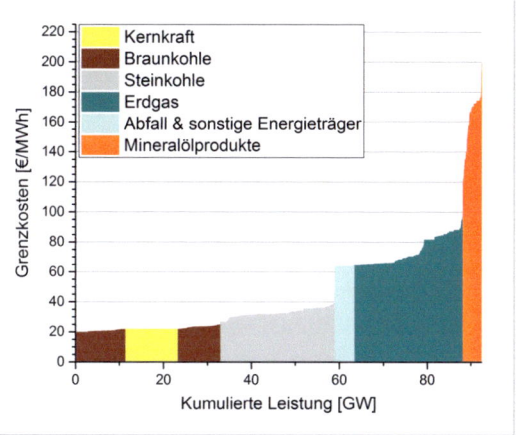

Abb. 1: Merit-Order als Grundlage für die Berechnungen von GemCast (2014)

Dieser ist schwierig zu lagern bzw. zu speichern und zu jedem Zeitpunkt müssen Angebot und Nachfrage übereinstimmen, damit die Energieversorgung stabil bleibt.

Die EE stellen einen Sonderfall dar: Diese haben, mit Ausnahme der Erzeugung aus Biomasse, quasi keine Grenzkosten. Außerdem hat die Stromeinspeisung durch die EE, die durch das EEG gefördert werden, Vorrang vor konventionellen Kraftwerken. So soll die Entwicklung der neuen und klimafreundlicheren Technologien gefördert werden. Demnach stehen die EE am Anfang der Merit-Order.

2.2 Der Simulator GemCast

GemCast wird entwickelt, um glaubwürdige mittel- bis langfristige Szenarien über die Entwicklung des deutschen Strommarktes zu erstellen. So können unterschiedliche Umbaupfade des Kraftwerkparks in Deutschland untersucht werden. GemCast ist eine dynamische (1), kontinuierliche (2) und deterministische (3) Szenariosimulation (4). Der Simulationszustand ändert sich zu jedem Zeitpunkt (1), wobei die Simulation in gleichbleibenden Schritten voranschreitet (2). Bei gleichen Werten der Eingabeparameter ändern sich die Zielgrößen nicht, es liegt also kein stochastisches Verhalten vor (3). Die Simulation wird genutzt, um das zukünftige Verhalten des Systems *Strommarkt* bei unterschiedlichen Entwicklungen zu untersuchen (4). [Buc15] Das Programm wird mit der quelloffenen Programmiersprache *Python* entwickelt und kann über eine grafische Benutzeroberfläche, ebenfalls in Python codiert, angewendet werden. Im Folgenden wird zunächst der Aufbau und die Funktionsweise erklärt. Im Anschluss wird die Benutzeroberfläche beschrieben.

Vor dem Start eines Simulationsdurchlaufs wird festgelegt, welcher Zeitraum mit welcher Auflösung simuliert werden soll. Hier werden für den Start- und Endzeitpunkt Datum und Uhrzeit festgelegt, beispielsweise *01.01.2014 00:00 Uhr* bis *31.12.2014 23:00 Uhr*. Für die Auflösung kann zwischen einer Stunde, 30 und 15 Minuten gewählt werden. Anschließend werden die Eingabedaten ausgewählt. Dazu zählt die Kraftwerksliste (a), die Lastkurve (b) und die EE-Erzeugung (c). Diese Dateien werden zuvor als CSV[9]-Dateien angelegt.[10]

(a) Als Grundlage für die Kraftwerksliste dient die regelmäßig aktualisierte Liste mit allen Kraftwerken in Deutschland ab einer Größe von 10 MW der BNetzA (s. [Bun15d]). Für jedes Kraftwerk wird hier unter anderem der Kraftwerkstyp, das Baujahr und die Nettonennleistung angegeben. Diese Liste wird für GemCast mit Microsoft EXCEL® erweitert. Jedem Kraftwerk werden, je nach Typ und Baujahr, Grenzkosten zugewiesen. Für die Berechnung der Grenzkosten müssen Wirkungsgrade, spezifische CO_2-Emissionen, Preise für Emissions-

---

[9]Comma-separated values.

[10]Zusätzlich kann der sogenannte *complex mode* aktiviert werden. So werden weitere Berechnungen durchgeführt. Dieser Modus befindet sich in der Beta-Phase und ist nicht Teil der Validierung.

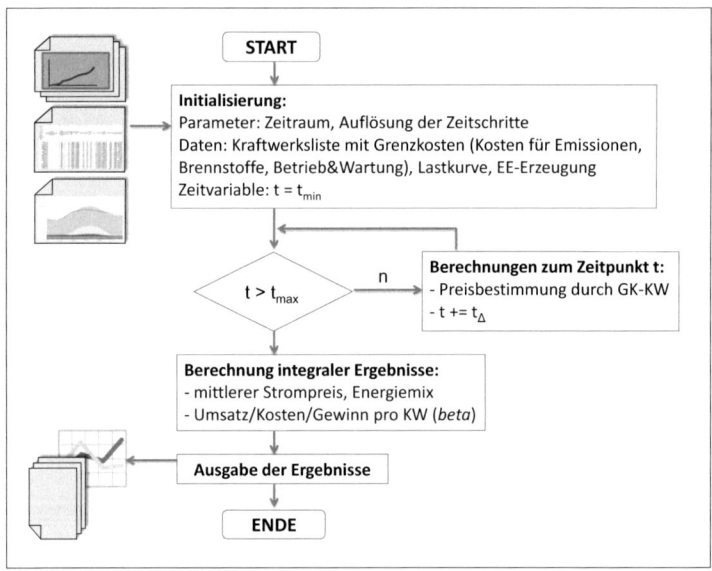

Abb. 2: Vereinfachter Simulationsablaufplan von GemCast

rechte, Brennstoffkosten, sowie variable Kosten für Betrieb und Wartung angegeben werden. Welche Daten der Berechnung zugrunde liegen und wie festgelegt wird, zu welchem Anteil die Brennstoff- bzw. Emissionsrechtepreise in die Grenzkosten der einzelnen Kraftwerke einfließen, wird in Kapitel 3 erörtert. Die erweiterte Kraftwerksliste kann für jedes Szenario – oder auch für die Validierung – beliebig angepasst werden. D. h. die verschiedenen Kosten können festlegt werden und einzelne Kraftwerke können gelöscht bzw. hinzugefügt werden. Sobald die Kraftwerksliste angepasst wurde, wird diese als CSV-Datei exportiert und kann für Berechnungen mit GemCast genutzt werden.

(b) Die Lastkurve besteht aus einer CSV-Datei mit zwei Spalten. In der ersten werden Zeitstempel angelegt. Diese müssen den gewünschten Szenariozeitraum sowie die gewünschte Auflösung abdecken. Sollte also beispielsweise das Jahr 2022 in 15-minütigen Zeitsprüngen simuliert werden, so müssten die Zeitstempel vom *01.01.2022 00:00 Uhr* in 15-Minuten-Schritten bis zum *31.12.2022 23:45 Uhr* laufen. Also enthielte diese Spalte 35 136 Zellen. In der zweiten Spalte wird die Last je Zeitpunkt in GW angegeben. Hier kann auf angepasste Werte eines Referenzjahres zurückgegriffen werden. Soll beispielsweise der Stromverbrauch in Deutschland

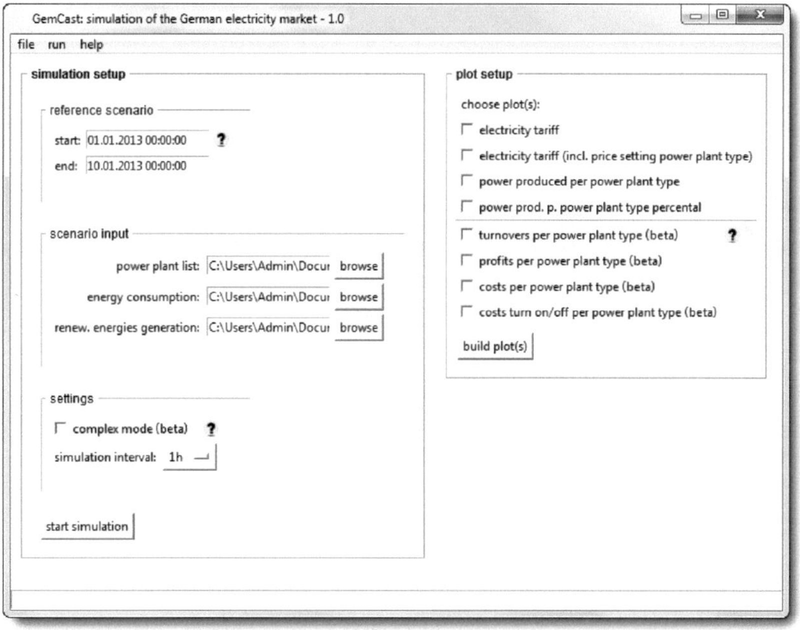

Abb. 3: Grafische Benutzeroberfläche von GemCast

Tab. 2: Ein- und Ausgabeparameter von GemCast

Eingabe		Ausgabe	
Daten	Einstellungen	Pro Zeitschritt	Integral (pro Kraftwerk)
• Kraftwerksliste	• Zeitraum	• Strompreis	• Erzeugungsmenge
• Stromnachfrage	• Intervall	• Preisbestimmen-	*Beta-Version* :
• EE-Erzeugung	*Beta-Version* :	des Kraftwerk	• Import/Export
	• Komplexer Modus		• Umsatz
			• Kosten
			• Gewinn
			• An- und Abschalt-kosten

für das Szenario 2022 um 15 Prozent im Vergleich zum Referenzjahr sinken, wird jeder Wert des Referenzjahres um 15 Prozent verringert. Auf Grundlage dieser Datei könnten auch lediglich Ausschnitte aus dem Jahr 2022 simuliert werden. Würde als Berechnungszeitraum zum Beispiel der April angegeben, würde das Programm automatisch nur die Werte der Zeitstempel im April durchlaufen. Gleichzeitig kann auch die Auflösung variieren. Soll die Rechenzeit verringert und in Stundenschritten gerechnet werden, werden alle zwischen vollen Stunden liegenden Zeitstempel übersprungen.

(c) Das Vorgehen zum Erstellen der Datei zur EE-Erzeugung verhält sich analog zur Lastkurve. Woher die Daten für die Lastkurve und die EE-Erzeugung stammen, wird in Kapitel 3 gezeigt. Aufgrund der unumgänglichen Wahl von Referenzdaten für die Szenarioerstellung, entsteht zwangsläufig ein Fehler. Welchen Einfluss dieser hat, wird im Abschnitt 4.3 behandelt. Nachdem die Simulationseinstellungen festgelegt und die Eingabedaten gewählt wurden, kann die Simulation gestartet werden.

Einmal gestartet, durchläuft das Programm alle Zeitpunkte, abhängig von Auflösung und Zeitraum. Zu jedem Zeitpunkt werden Berechnungen durchgeführt: Zunächst wir anhand der EE-Erzeugung und der Last die Residuallast bestimmt. Dabei werden Netzengpässe und die geographische Lage von Last und Erzeugung nicht berücksichtigt (s. Modellannahmen, S. 14). Anschließend werden die Nettonennleistungen der einzelnen Kraftwerke, sortiert nach Grenzkosten, so lange summiert, bis die Residuallast gedeckt ist (vgl. Absch. 2.1.1). Dabei wird der Strompreis anhand der Grenzkosten des zuletzt benötigten Kraftwerks, die erzeugte Energie pro Kraftwerk und der preisbestimmende Kraftwerkstyp bestimmt. Diesen Daten können nach Beendigung des Simulationsdurchlaufs gespeichert und teilweise visualisiert werden. So kann

beispielsweise der Strompreisverlauf oder der Energiemix abgebildet werden.
Die Abbildung 2 stellt diesen Simulationsaufbau vereinfacht dar und die Abbildung 3 zeigt die
Benutzeroberfläche. Eine detaillierte Beschreibung der Benutzeroberfläche und aller Funktionen findet sich im Softwarehandbuch (s. Anhang A.3). Tabelle 2 zeigt alle Ein- und Ausgabegrößen.

Folgend sind alle Modellannahmen, die derzeit GemCast zugrunde liegen, aufgeführt.

Modellannahmen:

- Nur die Eingangsparameter (*Kraftwerksliste*, *Stromnachfrage* und *EE-Erzeugung*) haben Einfluss auf den Strompreis und den Energiemix
- Simulationsbeschränkung: Innerhalb eines Berechnungszeitraumes bleibt die Merit-Order konstant
- Grenzkostenberechnung nach Formel (1), s. Kap. 2.2, S. 8
- *Vollkommener Markt*: Absolute Transparenz, alle Marktakteure reagieren sofort auf Änderungen von Marktparametern
- Die Übertragungsnetze haben keine Engpässe und übertragen verlustfrei („*Kupferplatte*")
- Im Netz sind keinerlei Speicher verfügbar
- Strom wird weder importiert noch exportiert
- Sämtlicher Strom wird über den Spotmarkt gehandelt
- Gaskraftwerke, die nach 1980 in Betrieb genommen wurden, sind Gas- und Dampfturbinen (GuD)-Kraftwerke
- Alle GuD-Kraftwerke sind stromgeführt[11]
- Der Gesamtwirkungsgrad von GuD-Kraftwerken wird für die Stromerzeugung angenommen
- Jedes Kraftwerk kann sofort und kostenlos hoch bzw. runter gefahren werden
- Jedes Kraftwerk kann immer voll ausgelastet werden, keine Wartung notwendig
- Jedes Kraftwerk kann entweder nur seine maximale Leistung liefern oder gar keine

2.3 Methodik zur Validierung von GemCast

Zur Validierung[12] von GemCast wird der retrospektivische Ansatz, *Rückvergleich* oder auch *Backtesting* genannt, gewählt. Das bedeutet, dass mithilfe des Programms die Vergangenheit simuliert wird und die Ausgabegrößen *Strompreis* und *Energiemix* mit den korrespondierenden

---

[11]GuD-Kraftwerke werden i. d. R. wärmegeführt, d. h. die Stromproduktion findet weitgehend unabhängig vom Börsengeschehen statt [SZKS11].

[12]Dem Wort *Validierung* wird die folgende Definition zugrunde gelegt: „Der Begriff Validierung soll für die Bestätigung der Modellresultate verwendet werden. Es ist nachzuweisen oder besser plausibel zu machen, dass die Resultate des Modells nicht zu stark von den Resultaten des Systems abweichen." ([Buc15], S. 125).

Daten aus der Geschichte verglichen werden. So können die Verhaltensunterschiede zwischen GemCast und Realität gemessen und analysiert, und damit die Glaubwürdigkeit von Gem-Cast bewertet werden. Zuvor wird das Programm verifiziert. D. h. es wird überprüft, ob die Implementierung der Simulation fehlerfrei arbeitet und das Modell korrekt umgesetzt wird. In diesem Abschnitt wird zunächst das Vorgehen zur Programmverifikation vorgestellt (s. Absch. 2.3.1). Im nächsten Schritt wird das Vorgehen zum Rückvergleich erläutert (s. Absch. 2.3.2). Abschließend wird die Frage diskutiert, welche Verhaltensunterschiede zwischen GemCast und der Realität tolerierbar sind (s. Absch. 2.3.3).

2.3.1 Programmverifikation

GemCast wird mittels Codeüberprüfung und *Debugging*[13] verifiziert (vgl. [Buc15]). Bei der Codeüberprüfung werden sämtliche Programmteile von einer oder mehreren Personen geprüft, die selbst nicht beim Programmieren dieser Teile involviert waren. Beim Debbuging wird das Programm im Debugger gestartet. Hier kann die Simulation bei jedem Schritt angehalten und fortgesetzt werden, wobei die Werte aller Variablen eingesehen werden können. So wird Schritt für Schritt überprüft, ob alle Teile des Programms korrekt funktionieren und die Berechnungen zu plausiblen Zwischenergebnissen führen.

2.3.2 Rückvergleich: Trend- und Fein-Fall

Beim Rückvergleich werden die Eingabegrößen auf der Grundlage von historischen Daten gewählt. So können die Ausgabegrößen mit den entsprechenden historischen Werten verglichen werden. Von den drei Ausgabegrößen *Strompreis*, *Energiemix* und *preisbestimmender Kraftwerkstyp* werden nur die ersten beiden überprüft, da für die dritte Größe keine historischen Daten gefunden wurden. Der Rückvergleich wird mit einer Programmauflösung von einer Stunde durchgeführt, da die verfügbaren historischen Daten ebenfalls einstündig aufgelöst sind. Mithilfe des Rückvergleichs wird einerseits die Gültigkeit von GemCast in der Vergangenheit gemessen und andererseits wird geprüft, ob GemCast die Marktmechanismen plausibel abbildet. So soll bewertet werden, ob GemCast auch mögliche künftige Marktveränderungen, die es in der Vergangenheit nicht gegeben hat, korrekt abbilden kann.

Dazu werden werden zwei unterschiedliche Fälle betrachtet: Im *Trend-Fall* werden die Jahre 2006 bis einschließlich 2013 simuliert, wobei die Eingangsparameter von 2014 angepasst übernommen werden. Wie genau dabei vorgegangen wird, wird später erläutert (s. Abs. *Trend-Fall*, S. 16). Anhand des Trend-Falls soll überprüft werden, ob GemCast in der Lage ist, langfristige Marktentwicklungen abzubilden, was gleichzeitig das erklärte Ziel der Szenariosimulation ist.

---

[13] *Bug* ist Englisch, in diesem Zusammenhang für Programmfehler. Frei übersetzt heißt Debugging also *Entfehlerung*.

Beim anderen Fall, dem sogenannten *Fein-Fall*, werden die Jahre 2013 und 2014 simuliert. Hier werden die Eingabeparameter möglichst exakt an den historischen Daten ausgerichtet. Obwohl GemCast nicht dazu entwickelt wird, den genauen Tages- oder Wochenverlauf des Strommarktes abzubilden, wird in diesem Fall genau dies versucht. So sollen mögliche Schwachstellen bei der Abbildung der kurzen Frist, die sich möglicherweise auf die langfristige Anschauung auswirken, gefunden werden (s. Abs. *Fein-Fall*, S. 17).

Um einen Rückvergleich anzustellen, müssen alle Eingabeparameter mit den korrespondierenden Parametern der Vergangenheit übereinstimmen. Dementsprechend müssen historische Daten über die Stromnachfrage, die Erzeugung aus Erneuerbaren Energien (EE) sowie die Kraftwerksliste recherchiert und teilweise aufbereitet werden. In Kapitel 3 werden diese Daten, deren Quellen und deren Aufbereitung vorgestellt.

Die Wahl der Zeiträume, also 2006 bis einschließlich 2013 (Trend-Fall) bzw. 2013 und 2014 (Fein-Fall), wird aufgrund der Datenbasis gewählt. So sind notwendige Daten zur Stromnachfrage retrospektivisch bis zum 01.01.2006 abrufbar. Daten über die stündliche Stromerzeugung aus Windkraftanlagen und Photovoltaik (PV)-Anlagen liegen nur für die Jahre 2013 und 2014 vor. Die Zeiträume werden, unabhängig von der Datenverfügbarkeit, als sinnvoll erachtet. So würde der Aufwand bei längeren Zeiträumen den Umfang der Studie übersteigen. Kürzere Zeiträume wiederum würden die Aussagekraft senken. Im Folgenden werden die beiden Fälle näher beschrieben.

Trend-Fall

Beim Trend-Fall werden die Stromnachfragekurve und die EE-Erzeugung vom Jahr 2014 in die Vergangenheit projiziert. Dies entspricht prinzipiell dem Vorgehen bei der eigentlichen Programmanwendung, dem Erstellen von Szenarien. Im Jahr 2006 beispielsweise, wurde durch PV-Anlagen etwa 6 % von der in 2014 durch PV-Anlagen erzeugten Strommenge generiert. Bei Windkraftanlagen waren es etwa 55 % und bei den restlichen EE rund 56 % (Quellen s. Absch. 3.4). So werden die Werte von 2014 entsprechend skaliert und zu einer neuen EE-Erzeugungs-Kurve für 2006 zusammengefügt. Die Lastkurve für 2006 wird auf die gleiche Art und Weise erstellt. Für die restlichen Jahre, also 2007 bis 2013, wird ebenso verfahren.

Der dritte Eingangsparameter, die Kraftwerksliste (s. Absch. 3.1), soll den historischen Kraftwerkspark möglichst genau abbilden. So muss beim Erstellen eines Szenarios zwar die stündliche Stromnachfrage und EE-Erzeugung zwangsläufig geschätzt werden, beispielsweise anhand eines Referenzjahres. Doch der im Szenario zur Verfügung stehende Kraftwerkspark kann szenariospezifisch genau vorgegeben werden. Also wird mit dem Trend-Fall das Vorgehen zum Erstellen von Szenarien nachgeahmt, wobei der Fokus auf der Vergangenheit liegt.

Der simulierte Tagesverlauf des Strompreises wird in diesem Fall vermutlich stark vom realen Preis abweichen. Schließlich stimmen EE-Einspeisung und Lastkurve nicht mit dem historischen Tagesverlauf überein, da die Werte vom Jahr 2014 projiziert werden. Deswegen findet die Auswertung der Simulationsergebnisse beim Trend-Fall mit Blick auf integrale Monats- und Jahreswerte statt. Im Jahresmittel weichen im Trend-Fall weder Last noch EE-Einspeisung von den historischen Werten ab. Der Energiemix wird aufgrund der Datenverfügbarkeit nur jährlich betrachtet.

Fein-Fall

Für die Jahre 2013 und 2014 liegen historische Daten über die Stromnachfragekurve und die Erzeugung aus PV- und Windkraftanlagen mit stündlicher Auflösung vor (s. Absch. 3.4). Der Kraftwerkspark ist ebenfalls gegeben. Die Grenzkosten aller Kraftwerke werden im Fein-Fall monatlich an die historischen Preisschwankungen angepasst (s. Absch. 3.2). In diesem Fall wird insbesondere der Tages- und Wochenverlauf des Strompreises sowie der monatliche Energiemix untersucht, da hier die Eingabeparameter stundengenau mit den historischen Daten übereinstimmen.

Zusammenfassend gesagt, wird der Trend-Fall genutzt, um die Validität von GemCast mit Blick auf Trendvorhersagen (mittels Szenarien) zu analysieren. Im Fein-Fall wird vorwiegend untersucht, ob GemCast Fehler macht und falls ja, was für Fehler und wie diese zustande kommen. So soll gewährleistet werden, dass etwaige Abweichungen von GemCast verstanden und beurteilt werden können.

Darüber hinaus wird der Trend-Fall ein zweites Mal durchgeführt (*modifizierter Trend-Fall*), wobei die genaue historische Stromnachfrage, anstatt der von 2014 projizierten, eingegeben wird. Durch Vergleichen der Ergebnisse des eigentlichen Trend-Falls mit dem modifizierten kann der Szenariofehler[14], mit Blick auf die Stromnachfrage, geschätzt werden. Für die EE-Erzeugung ist dies nicht möglich, da die notwendigen historischen Daten nicht vorliegen. Zusätzlich werden für das Jahr 2013 vier Ergebnisreihen erstellt: Hierbei werden alle vier Kombinationen aus historischer und projizierter Stromnachfrage sowie EE-Erzeugung zugrunde gelegt. Dabei sollen ebenfalls Rückschlüsse auf den Szenariofehler gezogen werden werden.

---

[14]Die genauen zukünftigen Verläufe von Stromnachfrage und EE-Erzeugung sind unbekannt. Also müssen diese, beim Erstellen von Szenarien, geschätzt werden. Der dabei zwangsläufig entstehende Fehler wird hier Szenariofehler genannt.

2.3.3 Fehlertoleranz: Welche Verhaltensunterschiede zwischen Strommarkt und GemCast sind akzeptabel?

Bei der Validierung einer Simulation stellt sich die zentrale Frage, ob die Simulation valide ist. Um die Frage beantworten zu können, muss die *Realitätstreue* oder *Gültigkeit* (engl. validity) der Simulation gemessen werden. Außerdem muss definiert werden, welche Gültigkeit mindestens gegeben sein soll, damit die Simulation als valide gilt. Dieser Grenzwert ist davon abhängig, wofür die Simulationsergebnisse genutzt werden. Wird beispielsweise die Wanderung von Ameisenvölkern untersucht, ist der Grenzwert vermutlich weniger streng, als wenn kritische Prozesse in Kernkraftwerken für Sicherheitsentscheidungen simuliert werden. Der Grenzwert kann nicht bewiesen werden, er ist Auslegungssache. Dabei gilt es, mit allen am Projekt beteiligten Personen zu verhandeln, ab wann eine Simulation „hinreichend genaue Aussagen über das System erlaubt."([Buc15], S. 126) Darüber hinaus sind, wenn möglich, externe Experten in die Entscheidungsfindung einzubeziehen, um Interessenskonflikten vorzubeugen.

GemCast soll genutzt werden, um Trendvorhersagen zu treffen. Zusammen mit allen Projektmitgliedern wurde entschieden, dass das Programm gültig ist, wenn die Abweichung vom Realsystem nicht mehr als 17 % beträgt. Dabei wird zwischen folgenden Betrachtungsweisen unterschieden, wobei jede einzelne als valide bzw. nicht valide eingestuft werden soll:

- Mittlerer jährlicher Strompreis
- Mittlere jährliche Erzeugungsmengen der primären konventionellen Energieträger: Atomkraft, Braunkohle, Steinkohle, Erdgas[15]

Dabei bleibt jedem Programmnutzer frei zu entscheiden, ob der Grenzwert von 17 % auch für seinen Anwendungszweck angemessen ist. Diese Studie soll ermöglichen, dass eine solche Entscheidung fundiert getroffen werden kann. Feinere Auflösungen, also beispielsweise monatliche Strompreise, sollen nicht valide sein. Das liegt zum einen daran, dass GemCast für Trendvorhersagen genutzt werden soll. Außerdem gibt es praktische Hürden: Die Erzeugung aus EE ist wetterabhängig. Das Muster des Wetters variiert von Jahr zu Jahr, sodass die Residuallast vom gleichen Monat von Jahr zu Jahr mitunter stark schwankt.

---

[15]Dabei soll die Erzeugungsmenge für jeden einzelnen Energieträger um weniger als 17 % abweichen. Sonderfall: Sollten 17 % der Erzeugungsmenge durch einen Energieträger weniger als 2 % des gesamten Energiemixes ausmachen, wird in diesem Fall die Validierungsgrenze auf diese 2 % angehoben.

3 Daten für die Validierung

In diesem Kapitel werden alle Daten, die der Validierung zugrunde gelegt sind, erörtert. Die einzelnen Datensätze sind angehängt (s. Anhang A.3). Nicht alle Daten konnten in der benötigten Form recherchiert werden, weswegen einige Daten angepasst und Annahmen getroffen wurden. Das Vorgehen hierzu wird erklärt und begründet. Zunächst wird die Kraftwerksliste thematisiert (Absch. 3.1), um anschließend zu zeigen, wie die Grenzkosten ermittelt und in die Kraftwerksliste integriert werden (Absch. 3.2). In den darauffolgenden Abschnitten 3.3 und 3.4 werden die Stromnachfrage und die Erzeugung aus EE behandelt. Abschließend werden Quellen über den historischen Strompreis und Energiemix vorgestellt (Absch. 3.5).

3.1 Kraftwerkspark konventioneller Energieträger

Die Abbildung des deutschen Kraftwerksparks ist Grundlage für die Berechnungen von Gem-Cast. Für den Trend-Fall – also für die Jahre 2006 bis einschließlich 2013 – wird pro Jahr eine Kraftwerksliste erstellt, wobei die Zusammensetzung des Kraftwerksparks und die Grenzkosten für jedes Jahr angepasst werden. Die Merit-Order verändert sich in diesem Fall innerhalb eines Jahres nicht. Beim Fein-Fall findet die Anpassung der Grenzkosten – und damit auch die der Merit-Order – monatlich statt, wobei die Zusammensetzung des Kraftwerksparks innerhalb eines Jahres gleich bleibt. Also werden für den Fein-Fall 24 und für den Trend-Fall acht Kraftwerkslisten erstellt.

Grundlage für die zu erstellenden Kraftwerkslisten ist die Kraftwerksliste der BNetzA [Bun15d]. In dieser Liste sind alle Kraftwerke mit einer Nettonennleistung von mindestens 10 MW aufgeführt. Kleinere Kraftwerke, die nicht den EE zuzuordnen sind, werden bei der Validierung nicht berücksichtigt. Die BNetzA betreibt das Monitoring des deutschen Kraftwerksparks seit 2011 und hat im Jahr 2013 die erste Kraftwerksliste veröffentlicht [Bun15d]. Da über die Zeit davor keine Daten zum Zu- oder Rückbau von Kraftwerken in Deutschland gefunden werden konnten, mit Ausnahme von Kernkraftwerken[16], wird die Kraftwerksliste von 2013 für die Jahre 2006 bis 2012 angepasst übernommen. Die Anpassung geschieht folgendermaßen: Kraftwerke, die zum jeweiligen Jahr noch nicht in Betrieb genommen wurden, werden zwar beibehalten, deren Wirkungsgrade und spezifischen CO_2-Emissionen werden jedoch auf die Werte des ältesten Kraftwerks in der jeweiligen Kraftwerkskategorie gesetzt. Dabei wird angenommen, dass Inbetriebnahmen stets zum ersten Januar eines Jahres erfolgt sind. Ein Beispiel: Die Kraftwerksliste von 2013 führt drei Braunkohlekraftwerke, die erst seitdem Jahr 2012 Strom erzeugen. Für alle Jahre vor 2012 werden diese drei Kraftwerke beibehalten, wobei

---

[16]Die zwischen 2006 und 2013 stillgelegten Kernkraftwerke wurden, je nach Stilllegungsjahr, in die Kraftwerkslisten eingepflegt. Die genauen Stilllegungstermine wurden dabei berücksichtigt, sodass für Jahre mit Stilllegungen, mehrere Kraftwerklisten erstellt wurden.

19

deren Wirkungsgrade und spezifischen CO_2-Emissionen gesenkt werden – und zwar auf die des ältesten Braunkohlekraftwerks der Liste. Somit wird verhindert, dass der Kraftwerkspark mit zunehmender Reichweite in die Vergangenheit schrumpft. Gleichzeitig werden Grenzkosteneinsparungen modernerer Kraftwerke nicht in die Vergangenheit übertragen. Trotzdem sinkt die Qualität der Liste, je weiter in die Vergangenheit simuliert wird. Insgesamt werden, bis einschließlich 2006, Kraftwerke mit einer Nettogesamtnennleistung von rund 12 GW angepasst. Das entspricht etwa 13 % der installierten Nettonennleistung der in der Kraftwerksliste von 2013 angegebenen konventionellen Kraftwerke.

In der zugrunde liegenden Kraftwerksliste der BNetzA, ist für jedes Kraftwerk unter anderem *Typ, Jahr der Inbetriebnahme, Nettonennwirkungsgrad* und *Nettonennleistung* angegeben. Um jedem Kraftwerk Grenzkosten zuweisen zu können, werden zusätzliche Parameter benötigt. Dazu gehören *Wirkungsgrade, spezifische CO_2-Emissionen* und weitere Parameter, welche Preisschwankungen unterliegen. Im folgenden Abschnitt wird gezeigt, wie bei der Erweiterung der Liste vorgegangen und auf welche Daten dafür zurückgegriffen wurde.

3.2 Grenzkosten

Für die beiden Validierungsfälle *Trend* und *Fein* werden diverse Kraftwerkslisten für die zu simulierenden Zeiträume erstellt (s. Absch. 3.1). Die Kraftwerke sind pro Liste nach Grenzkosten sortiert. Somit bilden die Listen die Merit-Order eines simulierten Zeitraumes ab. Die Grenzkosten variieren dabei von Liste zu Liste, da sie abhängig von Preisentwicklungen sind. Um die für die Validierung notwendigen Kraftwerkslisten erstellen zu können, sind Daten, anhand derer die jeweiligen Grenzkosten berechnet werden können, notwendig. Diese Daten werden in diesem Abschnitt vorgestellt und deren Einfluss in Bezug auf die Grenzkosten wird erläutert.

Zu Beginn werden Kraftwerkswirkungsgrade (Absch. 3.2.1) und spezifische Emissionsfaktoren (3.2.2) behandelt. Anschließend werden Parameter, welche Preisschwankungen ausgesetzt sind, thematisiert: Brennstoffpreise (Absch. 3.2.3), variable Kosten für Betrieb und Wartung (Absch. 3.2.4) sowie Preise für Emissionsrechte (Absch. 3.2.5).

Die Zusammensetzung der Grenzkosten von Kernkraftwerken und sonstigen Kraftwerken (Müllverbrennungsanlagen und Kraftwerke, die mehrere Energieträger verbrennen) werden gesondert erörtert (s. Absch. 3.2.6). Also werden zunächst die Grenzkosten von Braunkohle-, Steinkohle-, Erdgas- und Mineralölkraftwerken untersucht. Dabei werden, den Modellannahmen folgend (s. Absch. 2.2), alle Erdgaskraftwerke als GuD-Kraftwerke betrachtet. Die Abbildung 4 zeigt exemplarisch die mittlere Grenzkostenzusammensetzung von Steinkohlekraftwerken von 2006 bis 2013, wobei jedem Steinkohlekraftwerk, in Abhängigkeit vom Baujahr bzw. Wirkungsgrad, unterschiedliche Grenzkosten zugewiesen werden.

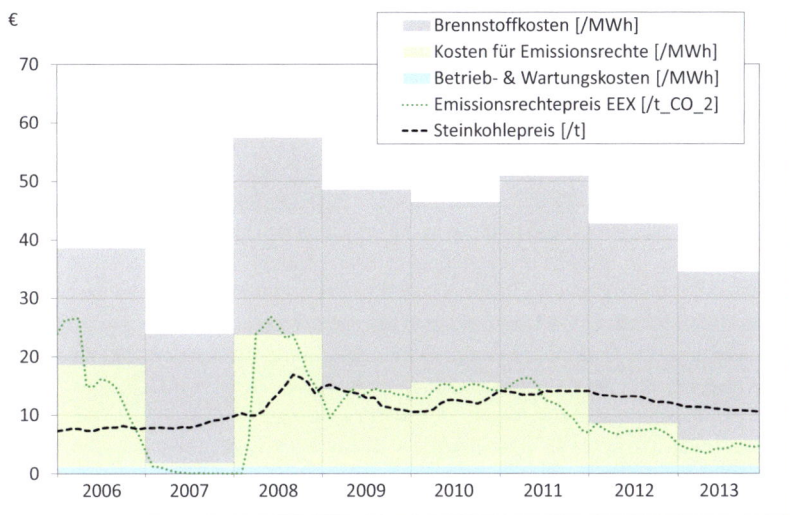

Abb. 4: Mittlere Grenzkosten von Steinkohlekraftwerken (Trend-Fall) (1) sowie Entwicklung der Preise
für Emissionsrechte (2) und Steinkohle (3), Daten s. Absch. 3.2.1 – 3.2.5 (1), [Mat15b] (2) &
[Kon13, Sta15d] (3)

3.2.1 Wirkungsgrade

Die Wirkungsgrade werden abhängig vom Kraftwerkstyp und Baujahr festgelegt, die Nenn-
leistung wird dabei nicht berücksichtigt. Für die historische Entwicklung der Wirkungsgrade
wird ein linearer Verlauf angenommen. Grundlage hierfür ist eine Studie, die, anhand von
Pressemitteilungen von Kraftwerksbetreibern, den historischen Verlauf der Wirkungsgrade
verschiedener Kraftwerkstypen abbildet [BHS'I'05]. Dazu zählen Braunkohle-, Steinkohle- und
Gaskraftwerke. Die Werte sind vergleichbar mit denen aus einer weiteren Studie [RMV08]. Für
Kraftwerke, die mit Mineralölprodukten befeuert werden, wird auf Angaben des Bundesministerium für Wirtschaft und Energie (BMWi) zurückgegriffen [Bun15b].
Dieser pragmatische Ansatz und die Rechercheergebnisse lassen keine genaueren Wirkungs-
gradprofile zu. Für Kraftwerke, deren Bau lange zurück liegt[17], sind in den genannten Studien
keine Daten vorhanden, weswegen deren Wirkungsgrade durch lineare Projektion in die Vergangenheit geschätzt werden. Der Anteil dieser Kraftwerke am konventionellen Kraftwerkspark

---

[17]Braunkohle von 1936 – 1956, Steinkohle von 1938 – 1974, Erdgas von 1947 – 1971.

von 2006 beträgt, gemessen an der Nettonennleistung, 7,7 %.

3.2.2 Spezifische CO$_2$-Emissionen

Teil der Grenzkosten eines Kraftwerks, das mit fossilem Brennstoff betrieben wird, sind die Ausgaben für Emissionsrechte, auch Emissionszertifikate genannt. Die bei der Verbrennung von fossilen Brennstoffen freigesetzte Menge CO$_2$ muss gesetzlich durch diese Zertifikate abgegolten werden. Um die Menge an benötigten Emissionszertifikaten bestimmen zu können, sind zwei Indikatoren notwendig. Zum einen wird der Brennstoff-Emissionsfaktor benötigt, also die absolut freigesetzte CO$_2$-Menge durch eine bestimmte Menge des verbrannten Brennstoffs. Zum anderen ist der Kraftwerkswirkungsgrad von Bedeutung. Multipliziert man diese beiden Indikatoren, erlangt man den Emissionsfaktor pro bereitgestellte elektrische Energie.

Für die Validierung wird auf Ergebnisse einer Studie zurückgegriffen, die bereits diesen Emissionsfaktor beinhalten [Amm14]. Diese Ergebnisse decken sich weitgehend mit denen aus anderen Untersuchungen [GB09, Kon13]. Die Wahl fiel auf diese Studie, da, im Gegensatz zu den anderen Untersuchungen, Emissionswerte von 2010, 1980 und von vor 1980 ermittelt wurden. Dadurch kann die historische Entwicklung der Anlagentechnik berücksichtigt werden.[18] Für Kraftwerke, die zwischen den angegebenen Jahren (2010 & 1980), und für solche, die nach 2010 errichtet wurden, wird eine lineare Entwicklung angenommen. Allen Kraftwerken, die vor 1980 gebaut wurden, wird der gleiche Wert zugrunde gelegt, nämlich der von „vor 1980". Es ist nicht ersichtlich, was „vor 1980" exakt bedeutet. Jedem Kraftwerk in der Kraftwerksliste (s. Absch. 3.1) wird der Emissionsfaktor entsprechend dem Baujahr zugewiesen. Gaskraftwerken, die vor 1980 errichten wurden, wird der Emissionsfaktor von reinen Gasturbinenkraftwerken zugrunde gelegt und späteren Anlagen der von GuD-Kraftwerken.

Die Recherche der Brennstoffemissionsfaktoren, kombiniert mit den bereits recherchierten Wirkungsgraden hätte alternativ zu feineren Emissionsfaktorprofilen geführt. Diese Alternative wurde zu spät bedacht und sollte in Zukunft berücksichtigt werden. Außerdem werfen die Ergebnisse der zugrunde gelegten Studie [Amm14] eine Frage auf, die nicht geklärt werden konnte. So nehmen die Emissionsfaktoren für Braunkohlekraftwerke nach 1980 wieder leicht zu, obwohl die Anlagentechnik effizienter wurde. Da Braunkohlekraftwerke in der Vergangenheit vermutlich selten die preisbestimmende Rolle gespielt haben und da die mögliche Grenzkostenverzerrung wohl sehr gering wäre, wird der Einfluss dieses möglichen Fehlers als gering eingeschätzt. Dennoch besteht hier Klärungsbedarf.

---

[18]An dieser Stelle der Hinweis auf eine Metastudie, in der 41 Arbeiten zu klimaschädlichen Emissionen von Kraftwerken ausgewertet wurden [WKB$^+$07]. Dabei werden auch EE-Kraftwerke berücksichtigt. Hier liegt das Augenmerk auf allen emittierten Schadstoffen bei ganzheitlicher Betrachtung der Energieerzeugung. Der zertifikat-relevante Ausstoß wird in der Arbeit nicht explizit ausgewiesen, weswegen die Ergebnisse nicht für diese Studie genutzt werden konnten.

3.2.3 Brennstoffpreise

Für die Brennstoffpreise von Braunkohle-, Steinkohle- und Gaskraftwerken werden Referenzwerte des Jahres 2012 herangezogen [Kon13]. Anschließend werden, mithilfe von Preisindizes zur Energiepreisentwicklung des Statistischen Bundesamts (DESTATIS), jährliche Preise für die Jahre des Trend-Falls, sowie monatliche Preise für den Fein-Fall berechnet [Sta15d]. Kraftwerke, die Mineralölprodukte verfeuern, nutzen überwiegend leichtes und schweres Heizöl, wobei die Anteile im Zeitraum 2006 bis 2014 etwa ausgeglichen waren [Sta15b]. DESTATIS hält historische Preise für leichtes und schweres Heizöl bereit [Sta15e], wobei die Einheiten mit Brennwerten angepasst werden müssen [Ins15]. Die Kraftwerksliste der BNetzA erlaubt keine Einteilung der Kraftwerke zu den verschiedenen Heizölen. Deswegen wird ein einheitlicher Brennstoffpreis für alle Mineralölkraftwerke berechnet. Die Preisberechnung für die Jahre 2006 bis 2013 (Fein-Fall) bzw. die Monate der Jahre 2013 und 2014 (Trend-Fall) wird anhand der mengengewichteten Stromerzeugung aus leichtem und schwerem Heizöl vorgenommen [Sta15b].

3.2.4 Betrieb und Wartung

Die Kosten, die für den Betrieb und die Wartung eines Kraftwerks entstehen, setzen sich aus zwei Teilen zusammen. Der eine Teil gibt die fixen Wartungs- und Betriebskosten an, d. h. solche Kosten, die auch bei Stillstand des Kraftwerks anfallen. Entsprechend gibt es Betriebs- und Wartungsarbeiten, die nur dann notwendig sind, wenn das Kraftwerk Strom erzeugt. Dieser Teil, also die variablen Kosten, zählt zu den Grenzkosten. Der Anteil der variablen Betriebs- und Wartungskosten an den Grenzkosten ist je nach Kraftwerkstyp unterschiedlich.

Die variablen Betriebs- und Wartungskosten werden einer Studie entnommen, in der diese für das Jahr 2013 ermittelt wurden [Kon13]. Anhand der Inflationsrate werden diese Werte für alle simulierten Jahre angepasst [Sta15f]. Da die inflationären Schwankungen innerhalb der Jahre 2013 und 2014 gering waren, werden im Fein-Fall monatliche Veränderungen nicht berücksichtigt. Für Kraftwerke, in denen Mineralöle verfeuert werden, wurden keine Betriebs- und Wartungskosten gefunden. Diesen Kraftwerken werden solchen Kosten nicht zugewiesen. Es wird angenommen, dass diese Vereinfachung keinen oder wenig Einfluss auf die Ergebnisse haben wird. Kraftwerke dieser Kategorie haben, aufgrund der hohen Brennstoffkosten, verhältnismäßig hohe Grenzkosten, weswegen diese vermutlich selten oder gar nicht preisbestimmend sind.

3.2.5 Preise für Emissionsrechte

Der Preis für Emissionsrechte wirkt sich auf die Grenzkosten und damit auf den Börsenstrompreis aus. Der europäische Emissionshandel (*European Union Emissions Trading System*, EU

ETS) wird in drei Handelsphasen unterteilt: die I. Phase reicht von 2005 – 2007, die II. von 2008 – 2012 und die III. von 2013 – 2020. An etwa 200 Tagen im Jahr wird der Zertifikatepreis an der EEX ausgehandelt, wobei weitere Haupthandelsplätze in Wien und London sind. Die Preise der Börsen in London [Bun15a] und Leipzig [Mat15b] wurden verglichen. Grundsätzlich weichen diese kaum voneinander ab, wobei der Übergang von der Handelsphase I. zur II. Phase unstimmig ist. Damals durften keine Zertifikate von der I. in die II. Phase übertragen werden. Gleichzeitig war das Angebot von Emissionsrechten sehr groß, so dass am Ende von Phase I. ein Preisverfall stattfand und die Emissionsrechte im einstelligen Centbereich gehandelt wurden. Mit Beginn der II. Phase ist der Preis sprunghaft gestiegen. An der Börse in London geschah dies am 01.01.2008, an der EEX erst am 25.03.2008, wobei die Phase zum Jahreswechsel begann. Anfragen bezüglich dieser Widersprüchlichkeit blieben unbeantwortet (European Climate Exchange (ECX) London; Thompson Reuters) oder gaben keinen Aufschluss darüber (EEX [Mat15a]; Bundesministerium für Umwelt, Naturschutz, Bau und Reaktorsicherheit (BMUB) [Arn15]).

Für die Validierung werden die Preise von der EEX genutzt [Mat15b]. Für den Fein-Fall werden Mittelwerte aller Monate der Jahre 2013 und 2014 gebildet und in die entsprechenden Kraftwerkslisten eingegeben. Beim Trend-Fall werden analog Jahresmittelwerte für 2006 bis 2013 eingetragen.

3.2.6 Sonderfälle: Kernkraftwerke und sonstige Kraftwerke

Alle anderen konventionellen Kraftwerkstypen, dazu zählen Kernkraftwerke, Müllverbrennungsanlagen und Kraftwerke mit mehreren oder sonstigen Energieträgern, werden gesondert behandelt. Zu diesen Kraftwerkstypen wurden bei der Recherche keine Wirkungsgrade und/oder Brennstoffkosten gefunden.

Da für Kernkraftwerke keine Wirkungsgrade vorliegen, werden für alle Kernkraftwerke die gleichen Grenzkosten angenommen. Vermutlich hat diese Vereinfachung wenig oder keinen Einfluss auf die Validierungsergebnisse. Für den betrachteten Zeitraum wird angenommen, dass Kernkraftwerke, aufgrund der relativ geringen Grenzkosten, selten oder gar nicht preisbestimmend sind. Die Brennstoffkosten werden mit 5 € pro MWh im Jahr 2011 angenommen [GHLL14]. Diese werden anhand vom Index für Großhandelsverkaufspreise von Metallen für alle anderen Jahre angepasst [Sta15c]. In einer anderen Studie werden ähnliche Brennstoffkosten für Kernkraftwerke veranschlagt [LWB+05]. Zusätzlich fallen seit 2011 15 € pro MWh durch die Brennstoffelementesteuer an (KernbrStG § 13 Abs. 1 Satz 1). Die variablen Betriebs- und Wartungskosten von Kernkraftwerken werden mit 2 € pro MWh im Jahr 2005 angenommen [LWB+05] und anhand der Inflationsraten auf die anderen Jahre übertragen [Sta15f]. Somit ergeben sich beispielsweise für das Jahr 2010 Grenzkosten in Höhe von 6,65 € pro MWh und für das Jahr 2011 22,21 € pro MWh.

Für alle anderen Kraftwerke, also Müllverbrennungsanlagen oder solche, die in der Kraftwerkliste der BNetzA mit mehreren oder sonstigen Energieträgern ausgewiesen sind, konnten weder Wirkungsgrade noch Brennstoffkosten recherchiert werden. Diese Kraftwerke stellen im Jahr 2013 etwa 4,6 % der gesamten Nettokraftwerksnennleistung konventioneller Kraftwerke. Für die Validierung werden all diesen Kraftwerken vereinfacht die gleich Grenzkosten zugewiesen. Die Höhe dieser Grenzkosten bildet sich aus dem Mittelwert alle anderen Kraftwerke der Kraftwerksliste.

3.3 Stromnachfrage

Als Eingabeparameter für GemCast wird die deutschlandweite Nettostromnachfrage bzw. Netzlast mit bis zu 15-minütiger Auflösung benötigt (s. Absch. 2.2). Der Verband Europäischer Übertragungsnetzbetreiber (ENTSO-E)[19] stellt in seiner Datenbank diese Daten stündlich, monatlich und jährlich aufgelöst zur Verfügung [Eur15c]. Die Grundlage für die stündlich aufgelösten Daten sind Messungen der **ÜNB!** (**ÜNB!**). Die monatlichen und jährlichen Nachfragemengen beruhen wiederum auf externen Quellen (DESTATIS & Bundesverband der Energie- und Wasserwirtschaft (BDEW)). Diese werden nicht anhand der Last, sondern auf Grund von Erzeugerangaben erhoben. [Sch15]

Die Daten weichen, je nach Erhebungsmethode, deutlich voneinander ab: Die stündlichen Lastwerte, zu einem Monat summiert, unterscheiden sich, im Zeitraum von 2006 bis 2013, um bis zu -24 % und im Mittel um -13,4 %. Nach 2013 hat sich die Zuständigkeit bei ENTSO-E für die Datenerhebung geändert und seitdem sind die erhobenen Daten stimmiger: 2014 betrug die mittlere Abweichung 2,3 % und die maximale etwa 6 %. Teilweise werden die früheren Abweichungen dadurch hervorgerufen, dass Kraftwerke der Deutschen Bahn und industrielle Eigenanlagen in der Lastmessung nicht berücksichtigt wurden, wodurch eine Differenz von etwa 9 % begründet wird [Uni07]. Das erklärt aber nur einen Teil der Abweichungen. Außerdem bleibt offen, ob diese Anlagen in der Kraftwerksliste der BNetzA aufgelistet werden. Vermutlich sind zusätzlich Messfehler bei den **ÜNB!** oder unterschiedliche Berechnungsgrundlagen weitere Ursachen. Diese Vermutung wird in einer früheren Studie angestellt [EHSV08] und vom Verantwortlichen bei ENTSO-E geteilt [Sch15].

Dazu kommt, dass die gesamte jährliche Nettostromnachfrage in Deutschland, je nach Datenquelle, ebenfalls variiert. So gibt ENTSO-E für 2011 544 TWh an (1), die U.S. Energy Information Administration (EIA) gibt 540 TWh an (2) und Eurostat 525 TWh (3). Ähnlich verhält es sich bei der Bruttostromerzeugung: Laut Statistischem Bundesamt wurden 2011 607 TWh erzeugt (4), laut OECD Datenbank 594 TWh (5) und die International Energy Agency

---

[19]European Network of Transmission System Operators for Electricity.

(IEA) gibt 613 TWh an (6)[20]. Die Daten sind also mit Unsicherheit behaftet. Dabei bleibt unklar, ob die Unterschiede durch unterschiedliche Berechnungsmethoden, durch Abweichungen der Rohdaten oder durch unterschiedliche Definitionen von *Bruttostromerzeugung* bzw. *Nettostromnachfrage* verursacht werden.

Für den Fein-Fall wird die stündliche Stromnachfrage aus den Jahren 2013 und 2014 mit monatlichen Korrekturfaktoren angepasst. Die Korrekturfaktoren leiten sich aus den von ENTSO-E bereitgestellten monatlichen Erzeugungsmengen ab. Für Januar 2014 zum Beispiel, beträgt die Abweichung der summierten Stundenwerte etwa 3 %, weswegen alle Stundenwerte von diesem Monat um 3 % angehoben werden. Am Ende entspricht die Summe aller Stundenwerte eines Jahres der von ENTSO-E angegeben Jahreserzeugungsmenge.

Im Trend-Fall wird die auf diese Art angepasste Nachfragekurve von 2014 auf die Jahre 2006 bis 2013 projiziert: 2007 beispielsweise lag die Stromnachfrage um ca. 7,3 % höher als im Jahr 2014. Entsprechend wird jeder Stundenwert von 2014 um 7,3 % angehoben um die Stromnachfragekurve für 2007 zu erstellen.

3.4 Erzeugung aus Erneuerbaren Energien

Für die Jahre 2013 und 2014 liegen Daten über die deutschlandweite Erzeugung aus Windkraftanlagen und PV-Anlagen in stündlicher Auflösung vor [Mat15b]. Außerdem stellt das BMWi die Erzeugungsmengen pro Jahr aus EE, je nach Art der Erzeugung, zur Verfügung [Bun15c]. Die Stundenwerte von PV- und Windkraftanlagen, summiert zu einem Jahr, weichen zwischen 0 und 9 % von den Jahreswerten ab. Es wird angenommen, dass die vom BMWi bereitgestellten Jahreswerte genauer sind als die summierten Stundenwerte. Deswegen werden die Stundenwerte, wie schon bei der Stromnachfrage, angepasst (vgl. Absch. 3.3). Die Erzeugung aus den restlichen EE-Quellen, also hauptsächlich aus Biomasse und Wasserkraft, wird auf alle Stunden im Jahr gleichmäßig verteilt. Diese Vereinfachung gibt das tatsächliche Erzeugungsmuster weitgehend wieder.[21] Die angepassten Werte aus PV-Erzeugung, Winderzeugung und der Erzeugung durch die restlichen EE werden stundenweise summiert, wodurch die Erzeugung aller EE zu einem Wert pro Stunde zusammengefasst wird. Anschließend werden die Stundenwerte linear interpoliert um die EE-Erzeugungskurven mit 15 minütiger Auflösung für GemCast zu erstellen.

Mit diesem Vorgehen werden auch die EE-Erzeugungskurven für den Fein-Fall, also die Jah-

---

[20](1) [Eur15c], (2) [Int15], (3) [Eur15e], (4) [Sta15a], (5) [Org15], (6) [U.S15].

[21]Vgl. https://energy-charts.de/ mit aktuellen, bis zu 15 minütig aufgelösten Erzeugungsdaten aller Energieträger seit 2011, grafisch bereitgestellt vom Fraunhofer Institut für Solare Energiesysteme (ISE).

re 2013 und 2014, erstellt. Für den Trend-Fall wird wie bei der Stromnachfrage verfahren, wobei PV-, Wind- und die restliche EE-Erzeugung unabhängig voneinander angepasst werden. 2009 z. B. war der PV-Ertrag um 81 % geringer gegenüber 2014. Der Strom, der aus Windkraftanlagen erzeugt wurde, lag um 31 % unter dem Niveau von 2014 und die restliche EE-Erzeugung war um etwa 29 % geringer. Die Stundenwerte von 2014 wurden also je nach Erzeugungskategorie abgesenkt. Abschließend wurden alle Kategorien stundenweise summiert, um die EE-Erzeugungskurve für 2007 zu erstellen.

3.5 Historischer Strompreis und Energiemix

Um die von GemCast berechneten Ausgabegrößen im Rückvergleich überprüfen zu können, werden der historische Strompreis und Energiemix benötigt. Die EEX stellt den Preisindex PHELIX®, also den mittleren stündlichen Spotmarktpreis (s. Absch. 2.1), bis einschließlich 2006 zur Verfügung [Mat15b].

Der Energiemix wird im Trend-Fall jährlich und im Fein-Fall monatlich betrachtet. Dazu werden Daten mehrerer Quellen genutzt: Die Erzeugung aus konventionellen Energieträgern wird von DESTATIS bezogen [Sta15b]. Dabei wird in Kernenergie, Braunkohle, Steinkohle, Erdgas, Abfall, Mineralölprodukte und sonstige Energieträger unterschieden.[22] Die EE-Erzeugungsmengen werden für den Trend-Fall vom BMWi mit jährlicher Auflösung bezogen [Bun15c], und für den Fein-Fall, also mit monatlicher Auflösung, vom ISE [Fra15].

---

[22]Für eine feinere Aufschlüsselung s. [Sta15b]. Steinkohle beispielsweise wird weiter unterteilt in Steinkohlenkoks, Steinkohlenbriketts, Kohlenwertstoffe aus Steinkohle und sonstige Steinkohlen.

4 Validierungsergebnisse

In diesem Kapitel werden die Ergebnisse der beiden Fälle *Trend* und *Fein* vorgestellt (vgl. Kap. 2, Absch. 2.3.2, S. 15). Die Ergebnisse des Trend-Falls unterscheiden sich prinzipiell von denen des Fein-Falls. Deswegen werden die Fälle getrennt voneinander vorgestellt. Dadurch wird eine sowohl inhaltlich als auch methodisch sinnvolle Aufteilung vorgenommen. Zusätzlich wird am Ende des Kapitels der Szenariofehler (vgl. Kap. 2, Absch. 2.3.2, S. 17) beschrieben. Die Verifikation der Struktur und Implementierung von GemCast (vgl. Kap. 2, Absch. 2.3, S. 14) wurde vor dem Rückvergleich durchgeführt. Dabei wurden keine Fehler gefunden.

4.1 Trend-Fall: Grober Rückvergleich von 2006 bis 2013

Im Trend-Fall wurden die Jahre 2006 bis einschließlich 2013 simuliert. Dabei wurde für jedes Jahr eine Kraftwerkliste mit starrer Merit-Order erstellt. Außerdem wurde der Lastverlauf und die Erzeugung aus EE von 2014 in die Vergangenheit projiziert und entsprechend der historischen Werte skaliert (vgl. Kap. 2, Absch. 2.3.2, S. 15). Für jedes simulierte Jahr hat GemCast den Strompreisverlauf mit stündlicher Auflösung sowie den Energiemix pro Jahr berechnet. Im Folgenden werden zunächst die Ergebnisse bezüglich des Strompreises analysiert und im Anschluss wird der Energiemix thematisiert.

4.1.1 Strompreis im Trend-Fall

Die Abbildung 5 zeigt den Strompreisverlauf am Spotmarkt der EEX (Preisindex PHELIX®) und den von GemCast berechneten. Die Preise an der Börse schwanken zwischen 2006 und Anfang 2009 sehr stark. Die stärksten monatlichen Schwankungen erfährt der mittlere monatliche Spotmarkt-Preis im Sommer 2006: Von Juni auf Juli springt der Preis um 54 % von rund 40 €/MWh auf 73 €/MWh und fällt dann im August wieder auf 44 €/MWh. Im März 2007 hat der Spotmarkt-Preis seinen niedrigsten Stand im betrachteten Zeitraum und liegt bei etwa 26 €/MWh. Eineinhalb Jahre später, im September 2008, liegt er mit 88 €/MWh mehr als dreimal so hoch. In den darauffolgenden sieben Monaten fällt der Preis wieder und erreicht im Mai 2009 ein neues Tief bei 31 €/MWh. Von da an ist die Entwicklung deutlich weniger volatil: Zwischen März 2009 und Dezember 2013 bewegt sich der Preis zwischen 28 €/MWh (Juni 2013) und 57 €/MWh (Mai 2011). Bedenkt man, dass sich der Preis zischen Mai 2011 und Juni 2013 halbiert, ist selbst diese vergleichsweise ruhige Phase von großen Preisveränderungen gekennzeichnet.

Der von GemCast berechnete Preis unterliegt in den Jahren 2006 bis 2009 ebenfalls starken Schwankungen, wobei sich der Preis innerhalb der Jahre wenig bewegt. Die größte Differenz zwischen Maximum und Minimum innerhalb eines Jahres beträgt etwa 4,50 €/MWh im Jahr 2006. Dagegen springt der Preis zwischen den Jahren, zum Beispiel von Dezember 2007 auf Januar 2008, von 26 €/MWh auf 58 €/MWh. Die Brennstoffpreise und die Emissionsrechtepreise wurden beim Erstellen der Kraftwerklisten über das Jahr gemittelt, Preisschwankungen innerhalb eines Jahres wurden also nicht berücksichtigt. Diese starre Merit-Order ist die Ursache für die geringen Ausschläge innerhalb der Jahre, verglichen mit dem Spotmarkt-Preis, wobei weitere Ursachen nicht ausgeschlossen werden können. Mit Beginn von 2009 setzt, ähnlich wie beim Börsenpreis, eine vergleichsweise ruhige Phase ein.

Die Tabelle 3 zeigt die mittleren jährlichen Preise am Spotmarkt und von GemCast sowie deren Differenz. Auffällig ist, dass GemCast in der turbulenten Zeit von 2006 bis 2009 den Börsenpreis deutlich verfehlt, im Jahr 2007 am deutlichsten mit -11,47 €/MWh bzw. -30,2 %. Anschließend wiederum, von 2010 bis 2013, erzielt GemCast deutlich bessere Ergebnisse und weicht um maximal -9,5 % (2013) ab.

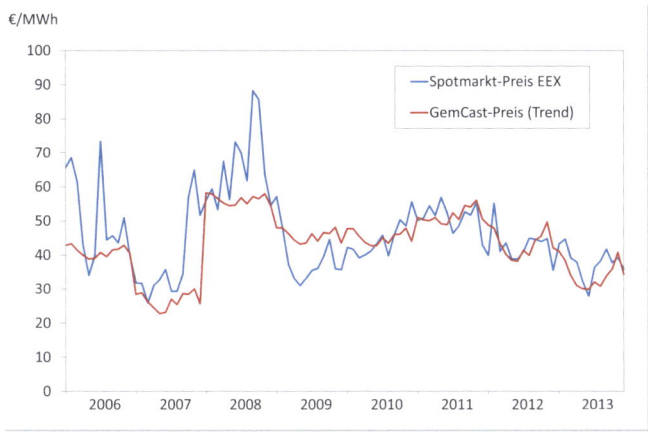

€/MWh

Abb. 5: Strompreis im Trend-Fall: Spotmarkt vs. GemCast (monatliche Mittelwerte)[23]

Tab. 3: Statistische Werte zum Strompreis im Trend-Fall (jeweils stündliche Auflösung)[24]

	Ø Spotmarkt-Preis EEX [€/MWh]	Ø GemCast-Preis (Trend) [€/MWh]	Ø Differenz (EEX-GemCast) [€/MWh]	Ø Differenz (EEX-GemCast) [%]	Min. / Max. EEX [€/MWh]	Min. / Max. GemCast [€/MWh]
2006	50,79	41,00	-9,78	-19,3	0,00 / 2.436,63	31,92 / 59,19
2007	37,99	26,51	-11,47	-30,2	0,00 / 821,90	12,86 / 49,81
2008	65,77	56,20	-9,58	-14,6	-101,52 / 494,26	37,65 / 74,50
2009	38,85	45,64	6,79	17,5	-500,02 / 182,05	27,50 / 63,15
2010	44,49	45,18	0,69	1,6	-20,45 / 131,79	29,20 / 64,68
2011	51,12	51,49	0,36	0,7	-36,82 / 117,49	22,21 / 75,34
2012	42,58	43,24	0,67	1,6	-221,99 / 210,00	22,08 / 75,45
2013	37,78	34,20	-3,58	-9,5	-100,03 / 130,27	20,46 / 69,22

Die Ursachen für großen Abweichungen zwischen 2006 und 2009 konnten nicht eindeutig geklärt werden, wobei es in dieser Zeit einige Ereignisse gab, die den Markt vermutlich maßgeblich beeinflusst haben. Dazu zählen die Einführung der Emissionsrechte im Jahr 2005 und die starken Preisschwankungen für diese, in den ersten Jahren nach der Einführung (s.

---

[23]An dieser Stelle und im weiteren Verlauf wird der Preisindex PHELIX® *Spotmarkt-Preis EEX* genannt. Dabei könnte der Zusatz *EEX* zu Verwirrung führen, weil der Spotmarkt-Preis eigentlich an der EPEX SPOT bestimmt wird. Dies wurde erst am Ende der Studie entdeckt und deswegen nicht mehr behoben.

[24]Mit dem Durchschnitts- bzw. Durchmesserzeichen (Ø) wird hier und im Folgenden das arithmetische Mittel angegeben.

Abb. 6). Insbesondere beim Übergang von der I. in die II. Handelsphase, also zwischen 2007 und 2008, steigt der Preis sprunghaft. Die Preise für Emissionsrechte an der EEX steigen im ersten Quartal 2008 an. Warum der Spotmarkt-Preis bereits zum vierten Quartal 2007 stark ansteigt konnte nicht abschließend erklärt werden. Diese Diskrepanz wird im Abschnitt 3.2.5 ausführlich erörtert. Ein weiteres Ereignis ist die Finanz- und Wirtschaftskrise in den Jahren 2008 und 2009, einhergehend mit starken Preisschwankungen für Steinkohle und Erdgas (s. Abb. 6). Diese Ereignisse finden in der Simulation keine Berücksichtigung – abgesehen von den Preisschwankungen –, so dass deren Einfluss nicht hinreichend simuliert werden konnte.

Es wurde geprüft, ob die Außenlufttemperatur möglicherweise im Zusammenhang mit den Ergebnissen der Simulation steht. Die Kraft-Wärme-Kopplung einiger Kraftwerke, insbesondere von Erdgaskraftwerken, könnte dazu führen, dass bei überdurchschnittlich kalten/warmen Außenlufttemperaturen, also einem erhöhten/verringerten Wärmebedarf, der Strompreis an der Börse sinkt/steigt. Außerdem steigt der Wirkungsgrad thermischer Kraftwerke mit sinkender Rückkühltemperatur, die stark von der Außentemperatur abhängt. GemCast könnte also bei starken Temperaturausschlägen stärker abweichen, da weder Wärmebedarf noch temperaturabhängige Wirkungsgradveränderungen in der Simulation abgebildet werden. Hier konnte jedoch kein Zusammenhang festgestellt werden (s. Anhang A.1 (Trend-Fall) und A.2.1, 3. Abb. (Fein-Fall)). Auch ein direkter Zusammenhang zwischen PV-, Wind- bzw. sonstiger EE-Erzeugung und den Abweichungen von GemCast konnte ausgeschlossen werden (s. Anhang A.2.5).

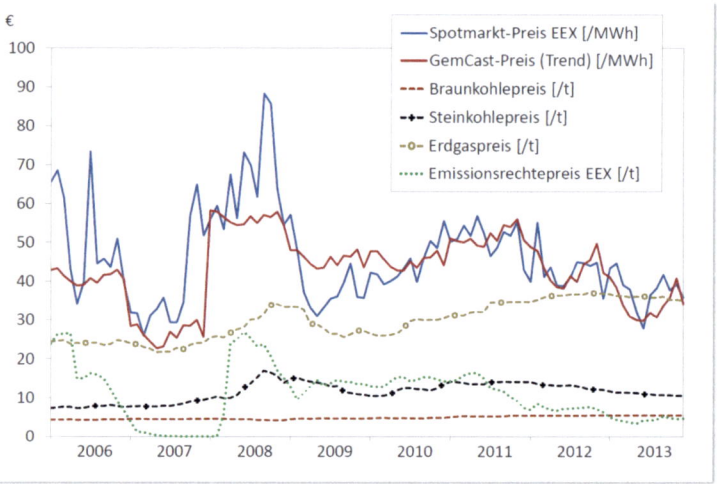

Abb. 6: Trend-Fall: Strom-, Brennstoff- und Emissionsrechtepreise (monatliche Mittelwerte)

4.1.2 Exkurs: Der Einfluss von Steinkohlekraftwerken auf den Strompreis

Die Grenzkosten von Steinkohlekraftwerken waren bei den Berechnungen von GemCast am häufigsten preisbestimmend. Auch in der Realität haben Steinkohlekraftwerke bislang diese Eigenschaft inne [NDSS13]. Die Abbildung 7 zeigt die Strompreisverläufe im Trend-Fall sowie die Häufigkeit der preisbestimmenden Kraftwerkstypen pro Jahr (nach GemCast). Dem zufolge sind Steinkohlekraftwerke im Zeitraum von 2006 bis 2013 zu 69 % preisbestimmend – bis zu 74 % (2012) und mindestens zu 62 % (2006). Braunkohlekraftwerke haben die nächst günstigeren Grenzkosten und Erdgaskraftwerke die nächst teureren. Entsprechend werden die Strompreise, die nicht von Steinkohlekraftwerken bestimmt werden, überwiegend von diesen beiden Kraftwerkstypen vorgegeben. Dabei nehmen beide Typen im abgebildeten Zeitraum etwa gleich häufig diese Rolle ein.

Durch gleichbleibend geringe Brennstoffkosten für Braunkohle, niedrige Preise für Emissionsrechte und die Einführung der Brennstoffelementesteuer für Kernkraftwerke 2011 übersteigen die zugrunde gelegten Grenzkosten von Kernkraftwerken im Jahr 2012 erstmals jene von Braunkohlekraftwerken. In der Folge kommt es dazu, dass Kernkraftwerke – nach den Berechnungen von GemCast – erstmals den Strompreis bestimmen.

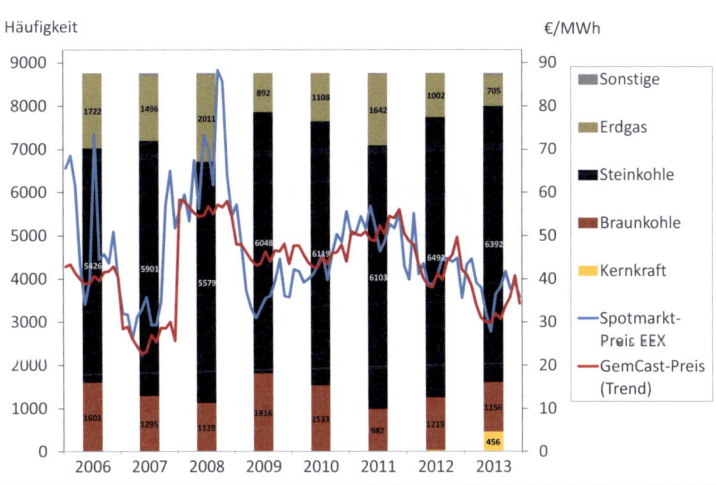

Abb. 7: Preise im Trend-Fall und Häufigkeit der Preisbestimmung je nach Kraftwerkstyp nach GemCast

Die Abbildung 8 zeigt, neben den Strompreisverläufen vom Spotmarkt und von GemCast, die mittleren Grenzkosten von Steinkohlekraftwerken, welche den zugrunde gelegten jährlichen

Kraftwerkslisten entnommen wurden. Gleichzeitig wird die Zusammensetzung der Grenzkosten aus Brennstoffkosten, Kosten für Emissionsrechte und Betrieb- und Wartungskosten abgebildet. Die Preisverläufe von Steinkohle und Emissionsrechten sind ebenfalls angegeben.

Die Grenzkosten verlaufen stufenweise, wodurch die in jedem Jahr starre Merit-Order ersichtlich wird. Somit wird auch verdeutlicht, warum GemCast im Jahresverlauf kleinere Preisschwankungen angibt als die Börse. Schließlich wird für GemCast nur ein Preis für Steinkohle oder Emissionsrechte pro Jahr vorgegeben und in der Realität unterliegen diese Preise ständigen Schwankungen.

Auffällig ist, dass der von GemCast berechnete Strompreis, und nach 2008 auch der Börsenpreis, in jedem Jahr im Bereich der Grenzkosten für Steinkohle liegt. Die maximale Abweichung beträgt 7 €/MWh im November 2012. Dieser Effekt wird dadurch hervorgerufen, dass Steinkohlekraftwerke am häufigsten preisbestimmend sind und gleichzeitig Braunkohle- und Erdgaskraftwerke etwa gleich häufig diese Rolle einnehmen.

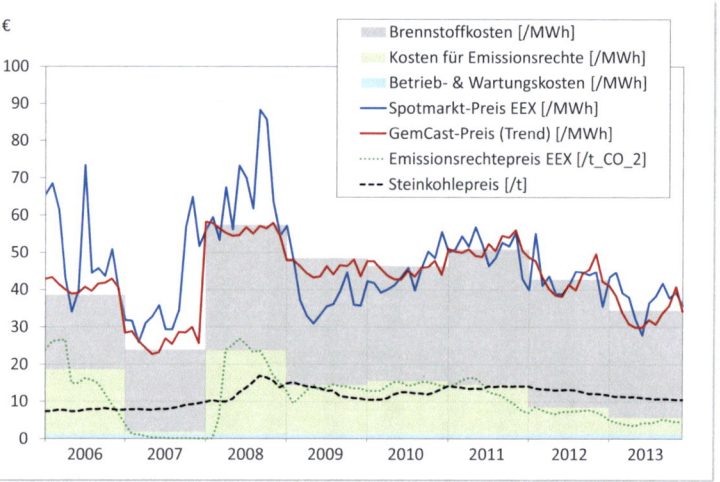

Abb. 8: Mittlere Grenzkosten von Steinkohlekraftwerken im Trend-Fall und diverse Preisverläufe

4.1.3 Energiemix im Trend-Fall

Stellt man dem von GemCast berechneten Energiemix den tatsächlichen gegenüber, zeigen sich systematische Abweichungen: Die berechneten Erzeugungsmengen durch Braunkohle und Kernkraft sind in jedem Jahr größer, und die von Erdgas und Abfall geringer als die historischen Werte (s. Abb. 9). Die Werte für Braunkohle weichen im Durchschnitt um -39 TWh, bzw.

um -29 % ab – mindestens um -22 % (2014) und höchstens um -35 % (2010). Für Kernkraft beträgt die mittlere Abweichung -21 TWh oder -17 %. Hier ist 2007 das Jahr mit der größten Abweichung (- 27 %) und im Jahr 2006 ist die Abweichung mit rund -12 % am geringsten. Steinkohlekraftwerke erzeugen nach GemCast im Mittel jährlich 5 TWh zu wenig Energie (-4 %), wobei die Erzeugung sowohl über- (bis zu 11 %, 2012), als auch unterschätzt wird (bis zu -16 %, 2010). Die Erzeugungsmengen durch Erdgas weichen (absolut) am stärksten ab: GemCast berechnet jedes Jahr durchschnittlich 52 TWh zu wenig, was einer mittleren Abweichung von 89 % entspricht. Die bereitgestellte Energie aus Müllverbrennungsanlagen beträgt laut GemCast zwischen 0 und 0,074 TWh pro Jahr, wobei tatsächlich bis zu 17 TWh (2011) erzeugt werden. Aus allen sonstigen Energiequellen werden GemCast zufolge bis zu 0,018 TWh pro Jahr erzeugt (2013), historisch gesehen sind es bis zu 3,7 TWh (2009).

Die EE wurden als Eingabeparameter bei den Berechnungen vorgegeben, so dass die ausgegebenen Werte exakt gleich groß sind wie die historischen. Auch die Stromnachfrage wurde vorgegeben, wobei die Lastwerte aus einer anderen Quelle bezogen wurden als die Werte für die Erzeugung nach Energieträger (vgl. Kap. 3, Absch. 3.3 & 3.5, S. 25 & 27). Deswegen kommt es zu Abweichungen in der Summe der Erzeugung, im Mittel 1,4 % jährlich.

Eine weitere Beobachtungen ist, dass die Erzeugung aus EE stetig zugenommen und sich von 2006 bis 2013 mehr als verdoppelt hat. Die Stromnachfrage ist über die Jahre weitgehend beständig. Außerdem ist zu sehen, dass seit 2011 deutlich weniger Strom durch Kernkraftwerke bereitgestellt wird. In März 2011 wurden fünf Kernkraftwerke außer Betrieb genommen.

Die Gründe für die systematische Abweichung von GemCast werden im nächsten Abschnitt beleuchtet.

4.2 Fein-Fall: Genauer Rückvergleich für 2013 und 2014

Die Untersuchungen aus dem Trend-Fall lassen zwar Rückschlüsse über die Validität von Gem-Cast zu, doch fällt es schwer, Ursachen für Abweichungen zu ermitteln, da die vorgegebene Stromnachfrage und EE-Erzeugung nicht den genauen historischen Gegebenheiten entsprechen. Somit kann die Funktionsweise von GemCast nicht genau analysiert werden, weswegen der Fein-Fall durchgeführt wurde. In diesem Fall wurden die Jahre 2013 und 2014 mit Eingabeparametern simuliert, die möglichst genau die historischen Gegebenheiten abbilden (vgl. Kap. 2, Absch. 2.3.2, S. 15).

In diesem Abschnitt werden zunächst die Ergebnisse in Bezug auf den Energiemix vorgestellt. Als nächstes wird der Strompreis behandelt. Hierzu werden erst saisonale Effekte gezeigt (s. Absch. 4.2.2) und anschließend Effekte im Tagesverlauf (s. Absch. 4.2.3). Am Ende wird gezeigt, wie sich saisonale und tägliche Effekte überlagern (s. Absch. 4.2.4).

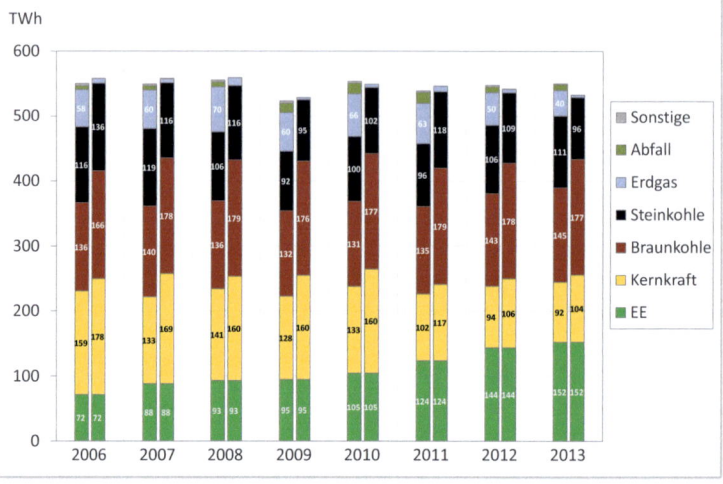

Abb. 9: Erzeugungsmengen nach Energieträger pro Jahr im Trend-Fall: historisch (links) und GemCast (rechts)

4.2.1 Energiemix im Fein-Fall

Im Folgenden wird der Energiemix der Jahre 2013 und 2014 mit monatlicher Auflösung betrachtet (s. Abb. 10). Anders als im Trend-Fall weicht die Erzeugung aus EE teilweise ab. Hier wurden, wie bereits beschrieben (vgl. Kap. 3, Absch. 3.4, S. 26), für die Darstellung des historischen Energiemixes und für die Eingabeparameter von GemCast unterschiedliche Datenquellen genutzt. Ähnlich verhält es sich mit den gesamten Erzeugungsmengen pro Monat, denn auch hier wurden verschiedene Quellen genutzt.

Wie schon beim Trend-Fall zu beobachten, überschätzt GemCast die Erzeugung durch Kernkraft und Braunkohle. Auf der anderen Seite werden Erdgas- und Abfallerzeugung unterschätzt. Auch die Erzeugung durch Steinkohle weicht teilweise stark ab. Insgesamt sind die Abweichungen in den wärmeren Jahreshälften größer, wobei die Stromnachfrage zu diesen Zeiten geringer ist als in den Wintermonaten. Der Hauptgrund für die Abweichungen in den Sommermonaten ist, dass Braunkohle- und Kernkraftwerke überwiegend während dieser Zeit gewartet werden, so dass diese teilweise nicht verfügbar sind. Im Modell wird jedoch angenommen, dass alle Kraftwerke beliebig lange Strom erzeugen können, also keiner Wartung bedürfen (vgl. Kap. 2, Absch. 2.2, S. 9). Entsprechend erzeugen Braunkohle- und Kernkraftwerke den Berechnungen zufolge mehr Strom als sie eigentlich können.

Die Abbildungen 11 und 12 zeigen die historische Verfügbarkeit und Auslastung von Braunkohle-

und Kernkraftwerken im Jahr 2013. Zu sehen ist, dass insbesondere in den Sommermonaten die Verfügbarkeit beider Kraftwerkstypen begrenzt war. Auch im Winter war die verfügbare Erzeugungskapazität von Braunkohlekraftwerken eingeschränkt, wobei Kernkraftwerke hier nahezu vollkommen verfügbar waren. Das erklärt, warum Braunkohle von GemCast auch in den Wintermonaten leicht überschätzt wurden, Kernkraft aber nicht.

Die Abbildung 13 zeigt die relative monatliche Abweichung von GemCast in Bezug auf Braunkohle und Kernkraft, wobei die Abweichungen parallel zur verfügbaren Erzeugungskapazität der Kraftwerke verlaufen (vgl. Abb. 11 & 12). So ist beispielsweise 2013 in den Monaten Juni und Juli die Verfügbarkeit von Braunkohlekraftwerken größer als im April oder August, so dass GemCast hier weniger abweicht. Die Verfügbarkeit von Kernkraftwerken ist im Mai und Juli am geringsten, den Monaten, in denen GemCast am stärksten abweicht.

Würde es gelingen, die Verfügbarkeit der Kraftwerke in die Berechnungen mit aufzunehmen, würden die Erzeugungsmengen durch Braunkohle und Kernkraft deutlich besser korrelieren. Die wegfallenden Erzeugungsmengen würden überwiegend durch Steinkohle und Erdgas gedeckt werden, wodurch vermutlich auch hier die Abbildung durch GemCast verbessert würde. Gleichzeitig würde die Merit-Order im vorderen Bereich gekürzt und dadurch stiege der berechnete Strompreis, insbesondere in der warmen Jahreshälfte. Der Strompreis im Fein-Fall wird in den folgenden Abschnitten eingehend betrachtet.

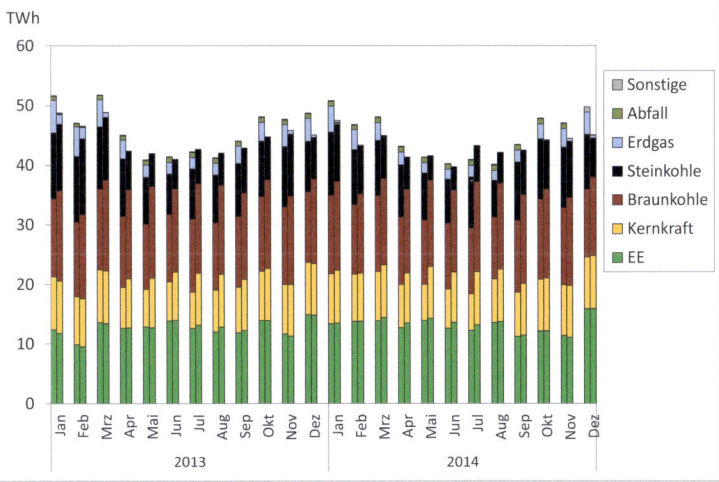

Abb. 10: Erzeugungsmengen nach Energieträger pro Monat im Fein-Fall: historisch (links) und Gem-Cast (rechts)

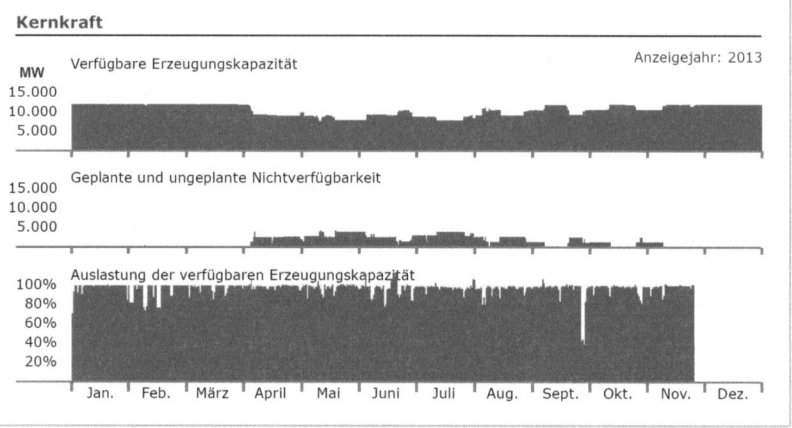

Abb. 11: Verfügbarkeit und Auslastung von Kernkraftwerken 2013, s. [May14]

4.2.2 Saisonaler Strompreis

Der Strompreis im Fein-Fall wird zunächst aus zwei Perspektiven betrachtet. In diesem Teil wird der Strompreisverlauf über die Monate untersucht und im nächsten Abschnitt wird der Tagesverlauf genauer beleuchtet.

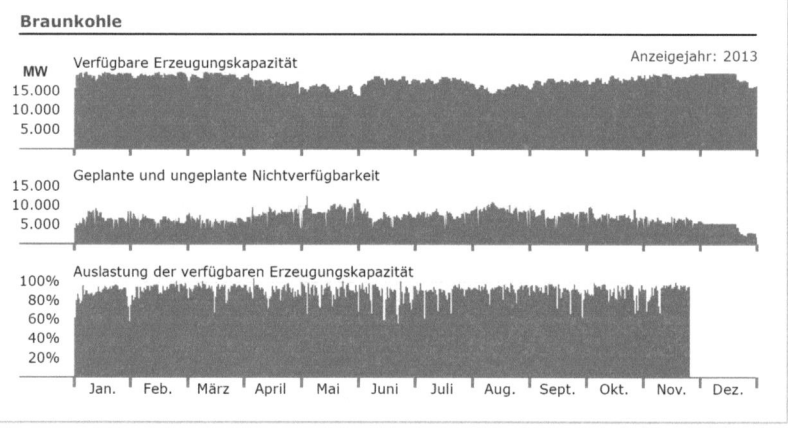

Abb. 12: Verfügbarkeit und Auslastung von Braunkohlekraftwerken 2013, s. [May14]

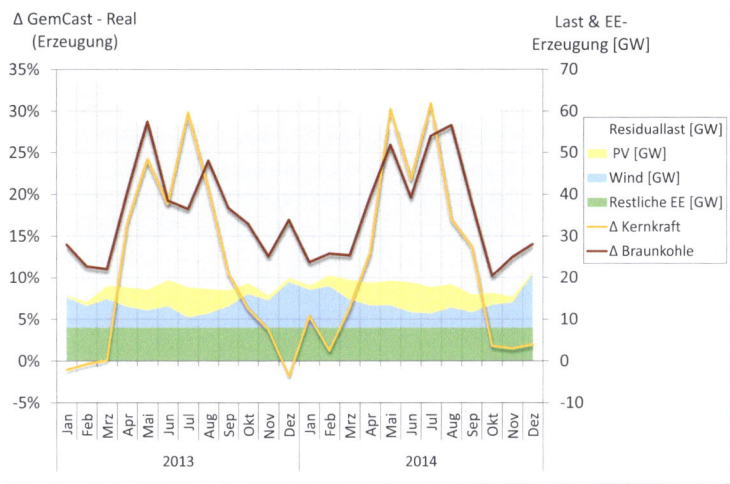

Abb. 13: Fein-Fall: Prozentuale Abweichung der Stromerzeugung durch Braunkohle und Kernkraft sowie Lastverlauf

Die Tabelle 4 zeigt die statistischen Eckdaten zum Fein-Fall, wobei die kalten und die warmen Jahreshälften gesondert aufgeführt werden. Grundsätzlich wird deutlich, dass die Berechnungen für das Jahr 2014 realistischer sind als jene für 2013. Warum das so ist, kann nicht abschließend geklärt werden. Der Börsenpreis schwankt im Jahr 2013 stärker als 2014. Möglicherweise ist dies ein Grund für die größeren Abweichungen, ähnlich wie beim Trend-Fall. Eine andere Möglichkeit wäre, dass in 2014 weniger Wartungsarbeiten als 2013 durchgeführt wurden, wodurch insbesondere in den Sommermonaten die Abweichungen geringer ausfallen. Die Verfügbarkeit von Braunkohle- und Kernkraftwerken schwankt von Jahr zu Jahr teilweise stark [Age13]. So wurden Kernkraftwerke beispielsweise im Jahr 2010 im Durchschnitt zu etwa 74 % ausgelastet und im Folgejahr zu rund 97 %. Braunkohlekraftwerke hingegen wurden 2010 stärker ausgelastet (73 %) als 2011 (68 %).

Der von GemCast berechnete Preis ist in den warmen Jahreshälften zu günstig, wohingegen der mittlere Strompreis den kalten Jahreshälften jeweils weniger als 1 €/MWh abweicht. Die Ursache für die stärkere Abweichung in den warmen Jahreshälften wurde bei der Betrachtung der Erzeugungsmengen bereits benannt (s. Absch. 4.2.1). Demnach ist der simulierte Strompreis, insbesondere in den Sommermonaten, zu günstig, da Wartungsarbeiten in GemCast nicht berücksichtigt werden. Die mittlere absolute Betragsabweichung liegt zwischen 5 und 10 €/MWh. Darauf wird bei der Betrachtung des Tagesverlaufs, also im nächsten Abschnitt, näher eingegangen.

Die Preisverläufe zum Fein-Fall sind in der Abbildung 14 zu sehen. Die größeren Abweichungen in 2013 werden sichtbar, die höhere Last in den Wintern und, damit einhergehend, tendenziell höhere Strompreise bei höherer Residuallast. In den Sommermonaten Juni 2013 und August 2014 ist der berechnete Strompreis ausnahmsweise etwas teurer als der Börsenpreis. In diesen Monaten war die Abweichung der Erzeugungsmengen von Kernkraftwerken verhältnismäßig gering (s. Abb. 13). Vermutlich fällt die Abweichung deswegen geringer aus.

In der Abbildung 14 ist außerdem der Lastverlauf hinterlegt, aufgeteilt in Residuallast und Erzeugung durch die verschiedenen EE. Dabei werden die saisonalen Verschiebungen von PV- und Wind-Erzeugung ersichtlich. Also, dass im Sommer mehr Strom durch PV erzeugt wird und im Winter mehr durch Wind. Die Erzeugungsmengen beider Erzeugungsarten addiert gleichen sich im Mittel stets etwa aus. Trotzdem schwankt die Erzeugung von Monat zu Monat und von Jahr zu Jahr. So wurden beispielsweise im Februar 2013 etwa 14,2 TWh generiert und im Februar 2014 20,5 TWh, wobei die Erzeugung von EE von 2013 auf 2014 um ca. 9,5 % zugenommen hat.

Tab. 4: Statistische Werte zum Strompreis im Fein-Fall (jeweils stündliche Auflösung)

		Ø Spotmarkt-Preis EEX [€/MWh]	Ø GemCast-Preis (Trend) [€/MWh]	Ø Differenz (EEX-GemCast) [€/MWh]	Standardabw. (EEX-GemCast) [€/MWh]	Min. / Max. EEX [€/MWh]	Min. / Max. GemCast [€/MWh]
2013	Okt. - März	39,88	39,32	-0,56	11,17	-62,03 / 120,16	21,55 / 73,35
	Apr. - Sept.	35,69	30,21	-5,48	12,61	-100,03 / 130,27	19,49 / 66,73
	Insg.	37,78	34,75	-3,03	11,92	-100,03 / 130,27	19,49 / 73,35
2014	Okt. - März	34,17	34,61	0,44	8,77	-60,26 / 87,97	21,78 / 65,59
	Apr. - Sept.	31,37	29,20	-2,16	7,88	-65,03 / 69,30	20,14 / 57,02
	Insg.	32,76	31,90	-0,86	8,34	-65,03 / 87,97	20,14 / 65,59

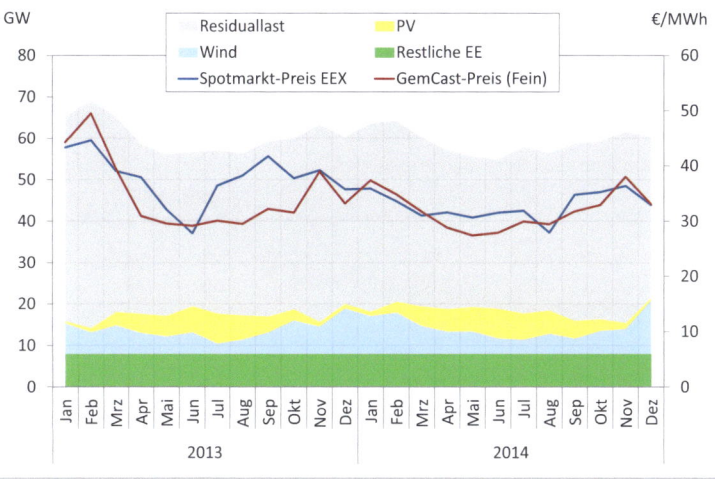

Abb. 14: Fein-Fall: Spotmarkt-Preis vs. GemCast-Preis mit Lastverlauf (monatliche Mittelwerte)

Der angesprochene saisonale Fehler wird ebenfalls deutlich, vergleicht man die Merit-Order von GemCast mit der des Spotmarktes. Die folgenden beiden Abbildungen 15 und 16 zeigen die Merit-Order für die kalte und für die warme Jahreshälfte von 2013 . Die roten Punkte stehen für die Merit-Order von GemCast, welche jeden Monat anhand der Preisschwankungen von Brennstoffpreisen etc. angepasst wird. Die Punkte bilden mehrere Linien, die nahe beieinander liegen, da die Preisschwankungen marginal sind. Die blauen Punkte bilden die Preisverteilung, je nach Residuallast, am Spotmarkt. Auf die Streuung der Börsenpreise, sowie die Abweichungen von GemCast wird im folgenden Abschnitt näher eingegangen.

Vergleicht man die beiden Abbildungen, wird deutlich, dass der von GemCast berechnete Preis in der warmen Jahreshälfte im Mittel zu günstig ist, wobei das genutzte Spektrum der Merit-Order deutlich kürzer ist als im Winter. Das liegt daran, dass im Sommer die Residuallast, aufgrund von verringerter Stromnachfrage, geringer ist als im Winter. So werden teure Erdgaskraftwerke nach GemCast weniger genutzt. Da aber gleichzeitig im Sommer vermehrt Braunkohle- und Kernkraftwerke gewartet werden, müsste die für die Berechnungen zugrunde gelegte Merit-Order für die Sommermonate im vorderen Bereich kürzer sein und somit insgesamt stärker steigen. Die Steigung der Merit-Order am Spotmarkt (lineare Trendlinie) ist entsprechend im Sommer (1,31) größer als im Winter (1,17).

41

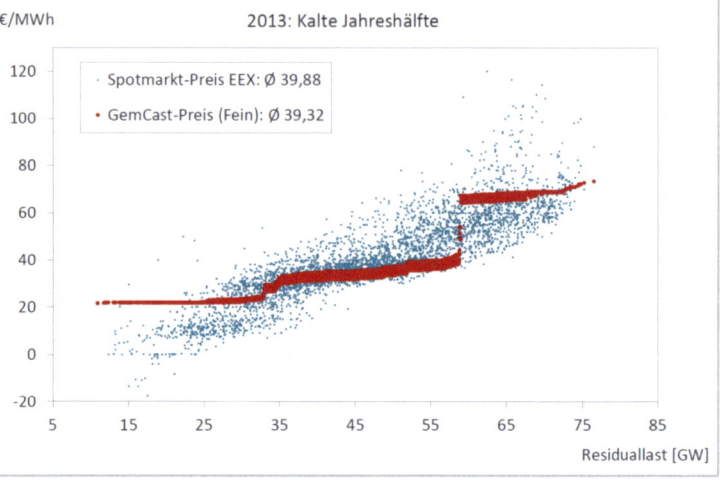

Abb. 15: Merit-Order 2013: Spotmarkt vs. GemCast, Jan.–März & Okt.–Dez.

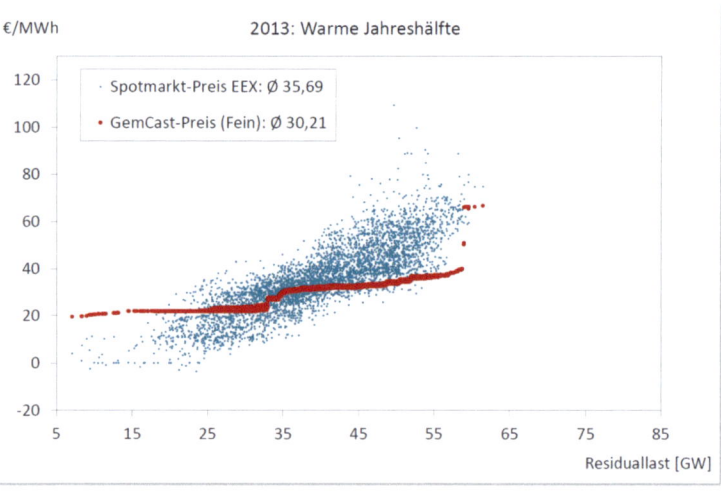

Abb. 16: Merit-Order 2013: Spotmarkt vs. GemCast, Apr.–Sept.

4.2.3 Strompreis im Tagesverlauf

Bei der Untersuchung der Performanz von GemCast im Tagesverlauf ergaben sich weitere systematische Abweichungen. Die Abbildung 17 zeigt den mittleren Residuallastverlauf eines Tages der Jahre 2013 und 2014. Dieser schwankt (im Mittel) zwischen 32,6 GW um 2:00 Uhr und 51,2 GW um 19:00 Uhr. Außerdem sind der Spotmarkt-Preis sowie der von GemCast berechnete Preis abgebildet. Der GemCast-Preis schwankt zwischen 26,96 €/MWh (2:00 Uhr) und 40,29 €/MWh (19:00 Uhr), der Spotmarkt-Preis hingegen zwischen 22,22 €/MWh (3:00 Uhr) und 47,75 €/MWh (19:00).

Demnach ist der Strompreis an der Börse volatiler als der in GemCast berechnete. Dabei unterschätzt GemCast den Preis häufiger und stärker, als dass das Programm den Preis überschätzt. Deswegen weicht der mittlere Preis von GemCast nach unten ab. Die Mittlere Abweichung wird überwiegend durch den saisonalen Fehler hervorgerufen (vgl. Absch. 4.2.2), wohin gegen die stündlichen Abweichungen andere Ursachen haben. Auf diese wird nun näher eingegangen.

Der Verlauf des Strompreises hängt direkt mit dem Verlauf der Residuallast zusammen. Die folgende Abbildung 18 verdeutlicht diese Eigenschaft. Hier sind wieder der Residuallastverlauf und die Strompreisverläufe dargestellt, wobei diesmal jeweils die Abweichung vom eigenen Mittelwert angezeigt wird. Dadurch wird hervorgehoben, dass die Preise im direkten Zusammenhang mit Residuallast stehen. Eben genauso, wie das Merit-Order-Modell besagt. Im Niedriglastbereich, also etwa zwischen 23 und 6 Uhr, weicht GemCast um bis zu 6,96 €/MWh (4

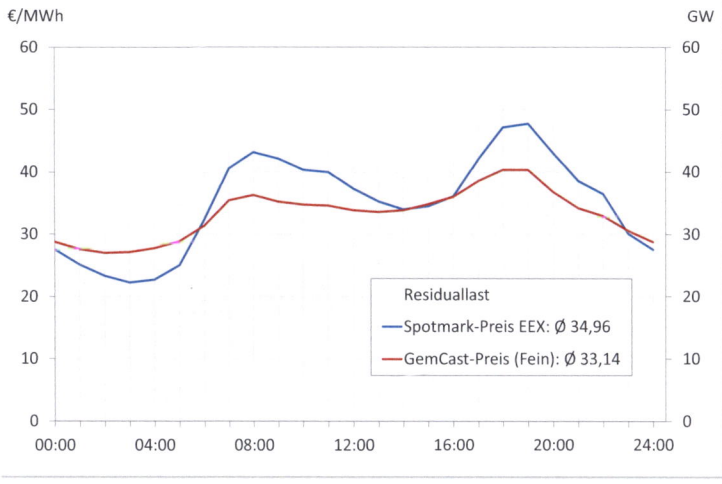

Abb. 17: Fein-Fall 2013 & 2014: Täglicher Preis- und Lastverlauf im Mittel

Uhr) vom Spotmarkt-Preis ab. Tagsüber, bei den Lastspitzen am Mittag und am Abend, weicht GemCast bis zu -4,99 €/MWh (9 Uhr), bzw. -5,51 €/MWh (19 Uhr) ab.

Aufgrund der Marktgestaltung an der Strombörse, wurde ein weiterer Aspekt untersucht. An der Börse wird deutlich mehr Strom im Terminhandel gehandelt als am Spotmarkt (vgl. Kap. 2, Absch. 2.1, S. 5). Beim Terminhandel wird zwischen Base- (0–24 Uhr), Peak- (8–20 Uhr) und Offpeak-Kontrakten (20–8 Uhr) unterschieden, wobei 94,9 % des Handelsvolumen dem Bereich Base zufallen, 5 % Peak und 0,1 % Off-Peak. Die Darstellung der historischen Strompreise am Spotmarkt wurde genutzt um zu prüfen, ob bei Beginn bzw. am Ende des Peak-Zeitraumes residuallast-*un*abhängige Preisänderungen auftreten. Mit den Wechseln vor und nach der Peak-Zeit könnte ein Mangel oder Überschuss an gehandeltem Strom bestehen, welcher sich auf den Preis auswirken könnte. Hierfür konnten, wie in der Abbildung 18 zu sehen, keine Anhaltspunkte gefunden werden.

Die Gründe für die größeren mittleren Preisausschläge an der Börse werden deutlich, wenn man die Verteilfunktion der Abweichung von GemCast über der Residuallast analysiert (s. Abb. 19, S. 45). Dadurch wird auch ersichtlich, warum GemCast am Abend weniger abweicht als am frühen Morgen, obwohl die Residuallastabweichung etwa gleich hoch ist.

Im niedrigen Residuallastbereich, von etwa 5 bis 30 GW, berechnet GemCast einen tendenziell zu teuren Strompreis (s. Abb. 19). Das ist der Bereich der Merit-Order, der durch Kernkraft- und Braunkohlekraftwerke abgedeckt wird. Diese beiden Kraftwerkstypen haben im Jahr 2014

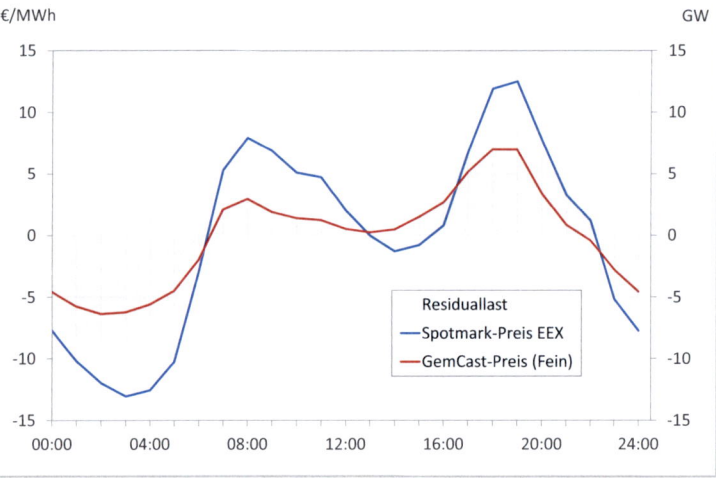

Abb. 18: Fein-Fall 2013 & 2014: Abweichung des täglichen Preis- und Lastverlaufs vom jeweiligen Mittelwert

gemeinsam eine Nettonennleistung von rund 33 GW. Im nächsten Residuallastabschnitt, von 30 bis etwa 58 GW, weicht GemCast umgekehrt ab, berechnet also tendenziell einen zu geringen Strompreis. In der Merit-Order kommen in diesem Bereich Steinkohlekraftwerke zum Zug. Diese haben in der Kraftwerksliste vom Jahr 2014 eine Nettogesamtnennleistung von ca. 26 GW. Zusammen mit den Kernkraft- und Braunkohlekraftwerken ergibt sich eine Nettonennleistung von etwa 58 GW. Bei 58 GW beginnt auch der nächste markante Abschnitt in der Verteilung. Hier folgen in der zugrunde gelegten Merit-Order Erdgaskraftwerke. Kommen diese nach GemCast zum Zug, ist der simulierte Preis zu teuer. Die entsprechende Abbildung für 2013 zeigt das gleiche Muster (s. Anhang A.2.5).

Diese Phänomene erklären die zuvor besprochenen Abweichungen im Tagesverlauf: Ist die Residuallast niedrig, berechnet GemCast einen zu teuren Preis. Der Preisausschlag nach unten ist also schwächer als an der Börse. Auf der anderen Seite, bei höherer Residuallast, berechnet GemCast einen zu günstigen Preis und schlägt ebenfalls weniger aus, wobei dieser Effekt etwas gedämpft wird. Denn bei sehr hoher Residuallast – was selten ist – findet die Preisbestimmung in GemCast durch teure Erdgaskraftwerke statt und der berechnete Preis liegt hier im Mittel über dem Spotmarkt-Preis-Niveau.

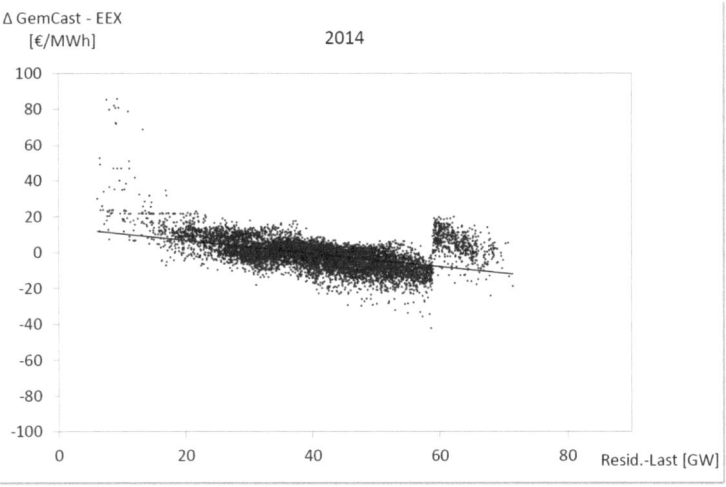

Abb. 19: Fein-Fall 2014: Abweichung von GemCast über Residuallast mit linearer Trendlinie

Die beschriebenen Abweichungen im Tagesverlauf werden im Folgenden aus einer weiteren Perspektive studiert. Dazu sind zwei charakteristische Wochen aus dem Fein-Fall abgebildet (s.

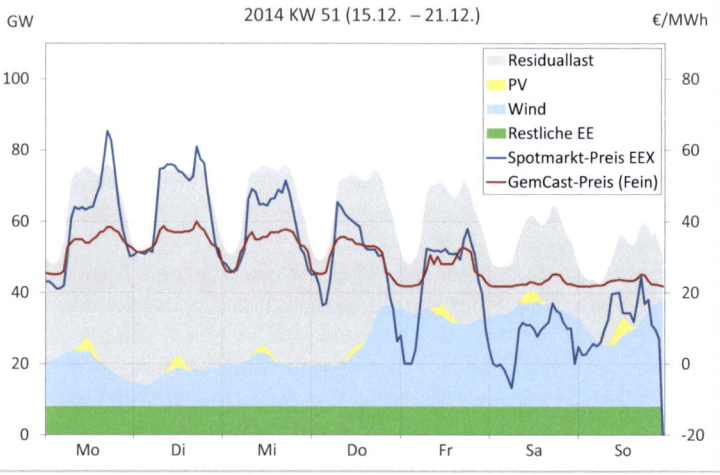

Abb. 20: Fein-Fall: Windige Woche mit wenig Sonneneinstrahlung

Abb. 20 & 21)[25]. Die Diagramme zeigen die Preisverläufe am Spotmarkt und von GemCast sowie den Lastverlauf inklusive EE-Erzeugung.

Die Abbildung 20 zeigt eine windreiche Woche mit wenig Sonneneinstrahlung. In der ersten Wochenhälfte weht weniger Wind, tagsüber ist die Residuallast hoch. Steinkohlekraftwerke bestimmen überwiegend den GemCast-Preis und der Börsenpreis wird unterschätzt. In den ersten Nächten verläuft die Residuallast hauptsächlich im mittleren Bereich, so dass die Berechnungen von GemCast hier weitgehend stimmig sind. In der zweiten Wochenhälfte nimmt der Wind deutlich zu und die Residuallast sinkt, zusätzlich verstärkt durch die geringe Stromnachfrage am Wochenende. In GemCast sind hier Braunkohle- und Kernkraftwerke preisbestimmend, der Börsenpreis wird überschätzt. Die Residuallast sinkt phasenweise unter 10 GW und an der Börse kommt es am Samstag und Sonntag zu negativen Strompreisen.

Die Abbildung 21 stellt die Woche mit der geringsten mittleren Abweichung von GemCast dar. Hier sind die genannten Effekte ebenfalls zu beobachten, wobei die Last- und Preismuster im Vergleich zur anderen Woche variieren. In dieser Woche tritt ein weiterer Effekt zutage: GemCast berechnet einen teureren Preis als der, der sich an der Börse bildet, obwohl die Residuallast hoch ist. Das passiert an den Vormittagen von Mittwoch bis Freitag und liegt daran, dass teure Erdgaskraftwerke in der Simulation den Preis bestimmen.

---

[25]Für weitere charakteristische Wochen s. Anhang A.2.3. In A.2.2 finden sich Abbildungen zu charakteristischen Monaten.

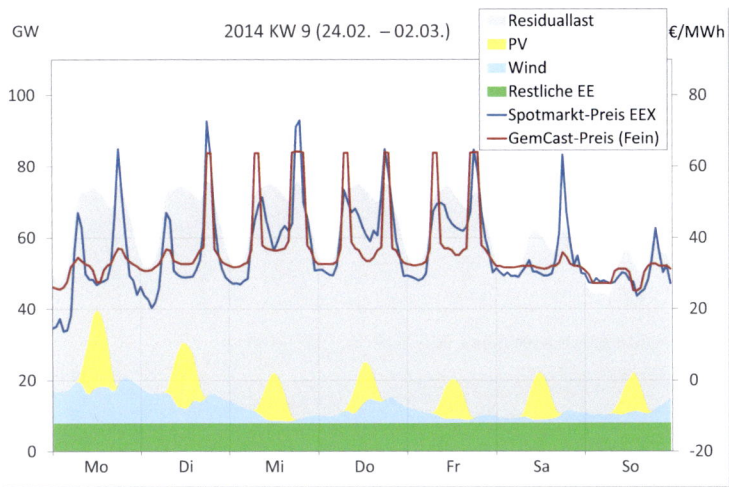

Abb. 21: Fein-Fall: Woche mit der geringsten mittleren Abweichung

Es zeigt sich also, dass die simulierte Merit-Order systematisch von der Preisbildung an der Börse abweicht. Vermutlich tragen, neben der genannten saisonalen Abweichung, die beiden folgenden Ursachen wesentlich zu diesen Abweichungen bei:

(1) Kernkraft- und Braunkohlekraftwerke sind träge in der Regelung. D. h. die Zeit zum Hoch- bzw. Herunterfahren der Anlagen dauert relativ lange. Dadurch kann es wirtschaftlich sinnvoll sein, ein Kraftwerk teilweise oder voll auszulasten, obwohl – aufgrund des geringen Börsenprei- ses – temporär Verluste entstehen. Stünde zu einem späteren Zeitpunkt, an dem der Börsenpreis wieder im Gewinnbereich liegt, nicht die volle Leistung zur Verfügung, weil der Hochfahrpro- zess nicht abgeschlossen ist, wären Gewinneinbußen die Folge. Übertreffen diese Einbußen die temporären Verluste, ist es profitabler die Anlage dauerhaft mit entsprechender Leistung zu betreiben. Durch diesen Effekt kommt es im niedrigen Residuallastbereich zu Strompreisen un- terhalb der Grenzkosten aller konventionellen Kraftwerke, mitunter zu negativen Strompreisen (vgl. [MKB13]). Würden also die sogenannten An- und Abschaltkosten in die Simulation inte- griert werden, würde der Fehler im unteren Residuallastbereich zumindest teilweise behoben.

(2) In der Simulation wird angenommen, dass alle Erdgaskraftwerke stromgeführt sind. Tat- sächlich ist es so, dass viele Erdgaskraftwerke wärmegeführt werden. Sie sind Kraft-Wärme- gekoppelt und die Erzeugung richtet sich nach dem Wärmebedarf. Der Strom dieser Anlagen wird also auch erzeugt und angeboten, wenn die elektrische Erzeugung allein genommen nicht profitabel ist. Würde dies in der Simulation beachtet, würde der Sprung in der Merit-Order im oberen Residuallastbereich nach hinten verschoben und bekäme dadurch weniger Bedeutung.

Selbst wenn die beiden Überlegungen richtig wären und Berücksichtigung fänden, bliebe die simulierte Merit-Order in der oberen Residuallasthälfte zu günstig und GemCast würde den Preis hier unterschätzen. Möglicherweise werden die Grenzkosten für Steinkohlekraftwerke zu günstig angenommen oder die oligopole Marktstruktur verzerrt den Börsenpreis. Hier besteht weiterer Forschungsbedarf.

4.2.4 Überlagerung von saisonalen und täglichen Effekten

Bislang wurde gezeigt, inwiefern der von GemCast berechnete Strompreis sowohl saisonal als auch im Tagesverlauf systematisch abweicht. Die beiden folgenden Abbildungen veranschaulichen das Zusammenwirken der beiden Fehlerquellen.

Die Abbildung 22 zeigt die Abweichung von GemCast je nach Stromerzeugung aus Windkraftanlagen. Die Trendlinie verdeutlicht: Je stärker der Wind weht, desto eher überschätzt GemCast den Börsenpreis, berechnet also einen zu teuren Strompreis. Nimmt der Wind zu, nimmt gleichzeitig die Residuallast ab und im niedrigen Residuallastbereich berechnet GemCast tendenziell einen zu teuren Preis. Darüber hinaus zeigt die Abbildung, dass der Preis bei wenig Wind (0–5 GW) unterschätzt wird, GemCast berechnet also einen zu teuren Preis. Die saisonale Abweichung von GemCast wirkt sich ebenfalls auf die Verteilfunktion aus: In der warmen Jahreshälfte weht insgesamt weniger Wind als in den Wintermonaten (s. Absch. 4.2.2, Abb. 14). Gleichzeitig ist der berechnete Preis von GemCast zwischen April und September im Jahr 2014 im Durchschnitt um 2,16 €/MWh zu niedrig (s. Absch. 4.2.2, Tab. 4).

Die gleiche Abbildung in Bezug auf die Erzeugung aus PV-Anlagen zeigt ein etwas anderes Bild (s. Abb. 23). Der berechnete Preis weicht bei wenig Sonneneinstrahlung im Durchschnitt nicht ab. Mit zunehmender PV-Erzeugung berechnet GemCast jedoch einen zu günstigen Preis. Die PV-Erzeugung unterliegt ebenfalls saisonalen Schwankungen, umgekehrt zu jenen bei der Wind-Erzeugung und ausgeprägter als diese: Die Sonneneinstrahlung ist im Sommer deutlich stärker als im Winter. Die Abbildung macht deutlich, dass die Auswirkung des saisonalen Fehlers hier größer ist als die des Fehlers im Tagesverlauf. Andernfalls würde die Trendlinie keine negative Steigung haben. Bei wenig Sonneneinstrahlung nimmt der saisonale Fehler immer weiter ab und die Fehler gleichen sich zunehmend aus.

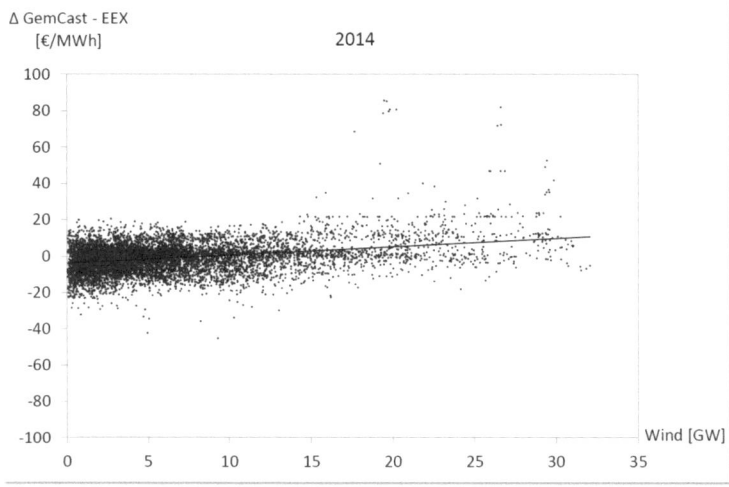

Abb. 22: Fein-Fall 2014: Abweichung von GemCast über Winderzeugung mit linearer Trendlinie

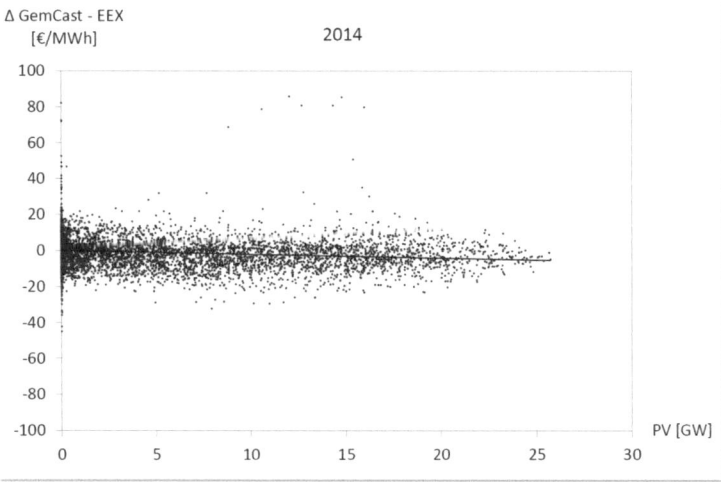

Abb. 23: Fein-Fall 2014: Abweichung von GemCast über PV-Erzeugung mit linearer Trendlinie

4.3 Szenariofehler

Die genauen zukünftigen Verläufe von Stromnachfrage und EE-Erzeugung sind unbekannt. Also müssen diese beim Erstellen von Szenarien geschätzt werden. Dabei wird üblicherweise auf historische Referenzwerte zurückgegriffen. Der zwangsläufig auftretende Fehler wird hier Szenariofehler genannt. Im Folgenden wird, mit Blick auf den Strompreis, untersucht, inwiefern die Ergebnisse zukünftiger Berechnungen mit GemCast durch diesen Fehler beeinträchtigt werden.

Dazu wurden zunächst die Berechnungen des Trend-Falls wiederholt, wobei die von 2014 projizierte Last[26] mit historischen stündlichen Lastwerten ersetzt wurde (*modifizierter* Trend-Fall). Durch Vergleichen der Ergebnisse der beiden Trend-Fälle kann der Szenariofehler, hinsichtlich der Stromnachfrage, abgebildet werden. Für die EE-Erzeugung war dies nicht möglich, da die notwendigen historischen Daten nicht vorliegen.

Zusätzlich wurden für das Jahr 2013 vier Ergebnisreihen erstellt: Dabei wurden alle vier Kombinationen aus historischer und projizierter Stromnachfrage sowie EE-Erzeugung zugrunde gelegt. Dadurch ergeben sich zusätzlich Rückschlüsse über den Szenariofehler in Bezug auf die EE-Erzeugung.

Die Abbildung 24 zeigt die Ergebnisse des Trend-Falls und des modifizierten Trend-Falls, also die Preisverläufe von 2006 bis 2013. Die grau-rote Linie zeigt den GemCast-Preisverlauf mit historischen Lastwerten und mit projizierter EE-Erzeugung, also den modifizierten Trend-Fall. Beide GemCast-Verläufe haben in den Grundzügen den gleichen Verlauf. Dabei weicht der modifizierte Trend-Fall um bis zu -4,51 €/MWh (Februar 2011) nach unten, bzw. um 4,61 €/MWh (September 2011) nach oben ab, verglichen mit dem ursprünglichen Trend-Fall.

Die Tabelle 5 zeigt statistische Werte zu den dargestellten Preisverläufen. Die Werte machen deutlich, dass in beiden Trend-Fällen die Abweichungen vom Spotmarkt-Preis ähnlich sind. Gemessen an den Jahresmittelwerten beträgt der Unterschied maximal 0,6 % (2007). Die Performanz des modifizierten Trend-Falls ist insgesamt, den zugrunde liegenden Werten folgend, etwas besser als die des ursprünglichen Trend-Falls. In fünf der acht Jahre sind die Ergebnisse des Trend-Falls mit historischer Last besser, in zwei Jahren gleich und in einem Jahr schlechter. Dabei sind die Unterschiede zu gering und der betrachtete Zeitraum nicht lang genug, um eindeutig zu beurteilen, ob eine der beiden Konstellationen prinzipiell zu besseren Ergebnissen führt. Es wird also deutlich, dass, mit Blick auf die mittleren jährlichen Strompreise, die Projektion der Last von einem Referenzjahr keine erheblichen Abweichungen verursacht.

---

[26]Vgl. Absch. 3.4.

Die Abbildung 25 zeigt die Berechnungsergebnisse der vier Variationen für 2013 sowie den Spotmarkt-Preisverlauf. Die ausgewählten statistischen Werte hierzu werden in der Tabelle 6 gezeigt.

Grundsätzlich ist zu beobachten, dass die Preisverläufe der verschiedenen Variationen einen ähnlichen Verlauf nehmen. Mit Blick auf die statistischen Werte wird klar, dass, über das ganze Jahr gesehen, die mittleren Abweichungen vom Spotmarkt-Preis etwa gleich groß sind. Da alle Preise von der Residuallast beeinflusst werden und das historische Muster der Residuallast mit zunehmender Abstraktion auch zunehmend verfehlt wird, sind höhere absolute Betragsabweichungen bei zunehmender Abstraktion die Folge.

Wichtig für die Arbeit mit GemCast ist, dass der Verlauf des mittleren Strompreises, mit Blick auf Jahresmittelwerte, durch Zurückgreifen auf Referenzwerte unwesentlich beeinträchtigt wird. Die monatlichen Abweichungen hingegen sind, aufgrund von Schwankungen der Last und insbesondere der EE-Erzeugung, deutlich ausgeprägter. Im Februar 2013 lag die Abweichung des mittleren Monatspreises der Fein-Variante zur Trend-Variante bei 24 %. D. h. die monatlichen Stromnachfrage- und EE-Erzeugungsmuster variieren von Jahr zu Jahr so stark, dass die Strompreisbildung – nach GemCast – maßgeblich davon beeinflusst wird.

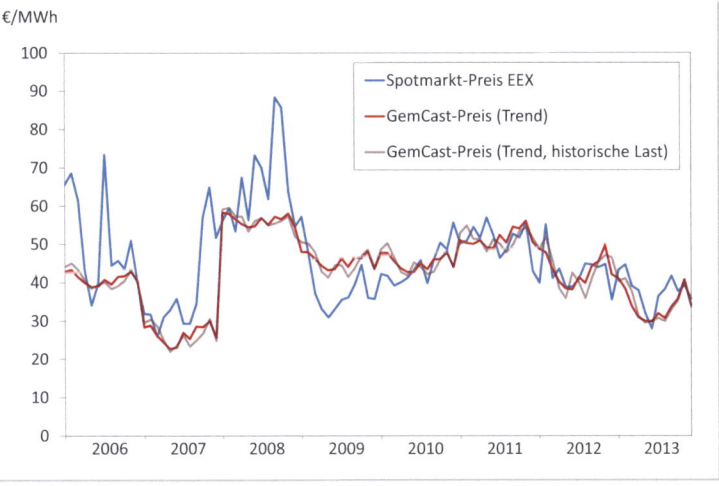

Abb. 24: GemCast-Preis mit Last als Projektion von 2014 und mit historischer Last (monatliche Mittelwerte)

Tab. 5: Statistische Werte zum Szenariofehler im Trend-Fall (jeweils stündliche Auflösung)

	Ø Spotmarkt-Preis EEX [€/MWh]	GemCast Aufbau	Ø GemCast-Preis [€/MWh]	Ø Differenz (EEX-GemCast) [€/MWh]	Ø Differenz (EEX-GemCast) [%]
2006	50,79	Trend-Fall	41,00	-9,78	-19,3
		EE 2014, Last 2006	40,98	-9,81	-19,3
2007	37,99	Trend-Fall	26,51	-11,47	-30,2
		EE 2014, Last 2007	26,29	-11,69	-30,8
2008	65,77	Trend-Fall	56,20	-9,58	-14,6
		EE 2014, Last 2008	56,19	-9,58	-14,6
2009	38,85	Trend-Fall	45,64	6,79	17,5
		EE 2014, Last 2009	45,51	6,65	17,1
2010	44,49	Trend-Fall	45,18	0,69	1,6
		EE 2014, Last 2010	45,12	0,63	1,4
2011	51,12	Trend-Fall	51,49	0,36	0,7
		EE 2014, Last 2011	51,34	0,22	0,4
2012	42,58	Trend-Fall	43,24	0,67	1,6
		EE 2014, Last 2012	43,21	0,63	1,5
2013	37,78	Trend-Fall	34,20	-3,58	-9,5
		EE 2014, Last 2013	34,36	-3,42	-9,1

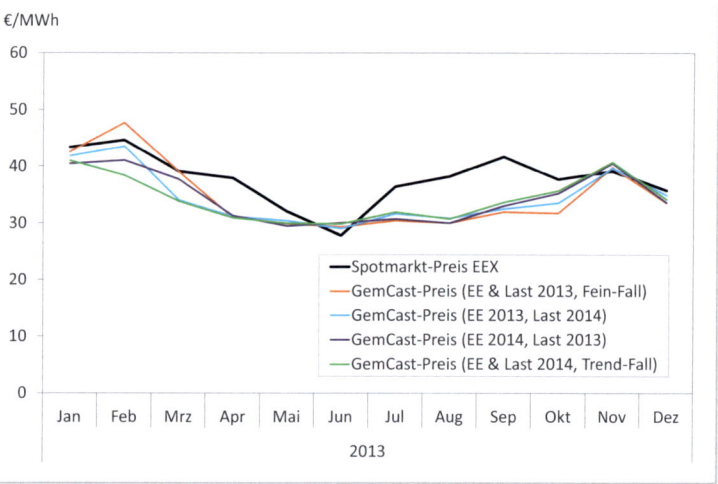

Abb. 25: Verschiedene GemCast-Preise für 2013, alle Variationen von Trend- und Fein-Fall (monatliche Mittelwerte)

Tab. 6: Statistische Werte zum Szenariofehler in 2013 (jeweils stündliche Auflösung)

	Ø Preis [€/MWh]	Ø Differenz (EEX-GemCast) [€/MWh]	Ø Differenz (EEX-GemCast) [%]	Standardabw. (EEX-GemCast) [€/MWh]
Spotmarkt EEX	37,78	-	-	-
EE & Last 2013 (Fein-Fall)	34,64	-3,14	-8,3	11,85
EE 2013, Last 2014	34,35	-3,43	-9,1	13,56
EE 2014, Last 2013	34,36	-3,42	-9,1	14,11
EE 2014, Last 2014 (Trend-Fall)	34,20	-3,58	-9,5	15,76

5 Diskussion der Ergebnisse: Ist GemCast valide?

Die wesentliche Ergebnisse der retrospektivischen Analyse wurden vorgestellt. Nun stellt sich die Frage, ob GemCast valide ist und falls ja, unter welchen Rahmenbedingungen. Grundsätzlich soll die Abweichung der Simulationsergebnisse zum realen System nicht mehr als 17 % betragen, wobei der mittlere jährliche Strompreis und der jährliche Energiemix der primären konventionellen Energieträger, also Atomkraft, Braunkohle, Steinkohle und Erdgas, betrachtet wird. Letztendlich ist Validität jedoch keine feste beweisbare Größe. Je nach Anwendungsfall kann es sinnvoll sein, diese Grenze anders auszulegen.

In diesem Kapitel wird zunächst besprochen, ob der Ausgangsparameter *Energiemix* valide ist (1). Dazu werden Abweichungen nach Energieträgern bei jährlicher Auflösung betrachtet, wobei auch auf monatliche Abweichungen eingegangen wird. Im Anschluss wird geklärt, inwieweit GemCast bei der Berechnung des Strompreises realistische Ergebnisse generiert (2), wobei die Jahresmittelwerte von Bedeutung sind. Zusätzlich werden Monatsmittelwerte sowie Abweichungen im stündlichen Tagesverlauf besprochen. Darüber hinaus wird skizziert, wie groß der Fehler, bei der Erstellung von Szenarien, durch Rückgriff auf historische Referenzwerte ist (Szenariofehler) (3). Am Ende wird beschrieben, wie etwaige Abweichungen durch Verbesserungen und Erweiterungen verringert werden könnten (s. Absch. 5.1, S. 57).

(1) GemCast ist im Hinblick auf die Berechnung des Energiemixes nicht valide. Der Rückvergleich hat ergeben, dass die Berechnungen der Erzeugungsmengen aus den primären konventionellen Energieträgern (Kernkraft, Braunkohle, Steinkohle, Erdgas) in den Jahren 2006 bis einschließlich 2013 (Trend-Fall) jährlich im Mittel um 31 TWh abweichen (36 %). Diese Schwankungen treten weitgehend unabhängig von starken Marktturbulenzen (Umbrüche im Emissionsrechtehandel, Weltwirtschaftskrise) auf. Dabei werden Kernkraft (zw. 12 & 27 %) und Braunkohle (zw. 22 & 35 %) systematisch überschätzt und Erdgas unterschätzt(zw. -84 & -95 %). Steinkohle wird sowohl über- als auch unterschätzt (zw. -13 & 23 %). Bei Abfall und sonstigen Energieträgern ist die relative Abweichung deutlich ausgeprägter, wobei die Erzeugungsmengen im Vergleich deutlich geringer sind. Beide Kategorien zusammen bilden im betrachteten Zeitraum 1,1 bis 3,0 % der jährlichen Energieerzeugung.

Die Hauptursache für die Abweichungen ist eine Modellannahme: Im Modell werden keine Zeiten für Wartungsarbeiten berücksichtigt. So kommt es dazu, dass die Erzeugung aus Braunkohle und Kernkraft, insbesondere in den Sommermonaten, überschätzt wird. Die Stromnachfrage ist zu dieser Zeit geringer als in der kalten Jahreshälfte und somit ist der Strompreis auch tendenziell günstiger. Notwendige Wartungen von Kern- und Braunkohlekraftwerken fallen also vorzugsweise auf die Sommerzeit, um Gewinneinbußen zu minimieren.

Die Spanne der relativen monatlichen Abweichungen in den Jahren 2013 und 2014 (Fein-Fall) ist größer als bei der jährlichen Betrachtung von 2006 bis 2013. Die Erzeugung aus EE wird als Eingabeparameter vorgegeben. Sie wird also nicht von GemCast berechnet und ist somit nicht Teil der Validierung.

(2) Das preisbestimmende Kraftwerk gibt den Strompreis vor und bestimmt gleichzeitig den Energiemix im Moment der Preisbestimmung. Demnach besteht ein direkter Zusammenhang zwischen Energiemix und Strompreis. Dennoch sind die mittleren Abweichungen beim Strompreis deutlich geringer und unter gewissen Rahmenbedingungen ist die Berechnung des Strompreises valide.

In den Jahren 2010 bis 2014 beträgt die jährliche mittlere absolute Betragsabweichung 3,3 % (max. -9,5 % 2013). In der Zeit davor hingegen, also von 2006 bis 2009, beträgt die mittlere absolute Betragsabweichung 20,4 % (max. -30,2 % 2007). Dieser Zeitraum war von großen wirtschaftlichen Turbulenzen geprägt: Die Emissionsrechte wurden 2005 eingeführt und zwischen 2007 und 2008 fand der Übergang von der I. Verkaufsphase zur II. statt. Die Emissionsrechtepreise waren in diesen Jahren stark volatil. Zusätzlich brach die Weltwirtschaftskrise aus und starke Preisschwankungen bei Rohstoffen sorgten 2008 und 2009 für große Strompreissprünge. So arbeitet GemCast, im Hinblick auf den mittleren jährlichen Strompreis, valide, solange keine großen Ereignisse den Markt beeinflussen. Ein solches Ereignis könnte auch eine maßgebliche Gesetzesänderung sein.

Außerdem gibt es eine weitere Einschränkung: Die Ergebnisse zeigen, dass GemCast systematische Fehler in der Preisberechnung macht. Dazu zählt die saisonale Preisüberschätzung in der warmen Jahreshälfte. Wartungsarbeiten bei Kern- und Braunkohlekraftwerken finden vorzugsweise zu dieser Zeit statt (s. o.). In GemCast sind diese Kraftwerke jedoch zu jeder Zeit voll verfügbar. Dadurch weist die der Simulation zugrunde gelegte Merit-Order in den Sommermonaten im niedrigen Preisbereich zu viel Kapazität auf.

Weitere systematische Fehler treten im Tagesverlauf auf. Bei niedriger Residuallast überschätzt GemCast den Preis. Im Modell wird angenommen, dass alle Kraftwerke sofort kostenlos hoch- bzw. heruntergefahren werden können. Somit werden An- und Abschaltkosten nicht berücksichtigt. Diese sind vor allem für träge Kern- und Braunkohlekraftwerke relevant. So kommt es vor, dass es für die Betreiber solcher Kraftwerke günstiger ist Strom unter Wert anzubieten als die Anlagen abzuschalten. Dadurch überschätzt GemCast tendenziell den Strompreis im niedrigen Residuallastbereich. Gleichzeitig wird im mittleren bis oberen Residuallastbereich der Strompreis durch GemCast überwiegend unterschätzt. Die Ursachen hierfür konnten nicht eindeutig geklärt werden.

Diese systematischen Fehler gleichen sich in der Summe etwa aus. Die weitere Einschränkung für die Validität von GemCast ist also folgende: Sollte sich die Zusammensetzung des Kraftwerksparks maßgeblich ändern, beispielsweise durch den geplanten Atomausstieg, würde dies das Verhältnis der Fehler zueinander ändern und die Validität GemCasts wäre nicht mehr gewährleistet.

56

Zusammengefasst bedeutet das, dass die Simulation dann valide den mittleren jährlichen Strompreis berechnet, wenn keine großen Marktturbulenzen auftreten und sich die Struktur des Kraftwerksparks nicht grundlegend ändert.

Bei der Berechnung von monatlichen Strompreisen weicht GemCast in den Jahren 2013 und 2014 (Fein-Fall) im Mittel der absoluten Beträge um etwa 10 % ab und bis zu -30 % (August 2013), also deutlich stärker als bei der Berechnung der mittleren jährlichen Strompreise.

Die Ergebnisse haben darüber hinaus gezeigt, dass die Abweichungen im Tagesverlauf – wie erwartet – deutlich größer sind als bei monatlicher oder jährlicher Betrachtung. Die Abbildung des exakten täglichen Strompreisverlaufs wird nicht mit GemCast beabsichtigt.

(3) Die grobe Analyse des Szenariofehlers hat ergeben, dass dieser, mit Blick auf Jahresmittelwerte, kaum Auswirkung auf die Validität von GemCast hat. So wurde beispielsweise das Jahr 2013 einmal mit historischen und einmal mit Referenzdaten simuliert. Die mittleren jährlichen Strompreise beider Fälle weichen um 0,1 % voneinander ab. Bei Betrachtung der monatlichen Strompreise hingegen, weichen die berechneten Preise um bis zu 9 €/MWh (Februar 2013), bzw. 24 % voneinander ab. Das liegt am variierenden Residuallastmuster von Jahr zu Jahr, bzw. an Wetterschwankungen.

5.1 Ausblick: Wie kann die Glaubwürdigkeit von GemCast verbessert werden?

Die Validierung hat die Performanz von GemCast offengelegt. Dadurch konnten Rückschlüsse über Schwachstellen gezogen werden. Diese werden hier diskutiert und Lösungsvorschläge werden skizziert. Grundsätzlich sollte abgewogen werden, wie groß Aufwand und Nutzen einer Änderung der Simulation sind, um die Weiterentwicklung von GemCast möglichst effizient zu gestalten. Die entdeckten Fehlerquellen können in drei Kategorien eingeteilt werden:

(1) Externe Effekte, wie beispielsweise Wirtschaftskrisen oder Änderungen am Marktdesign, haben zu starken Abweichungen der Simulationsergebnisse für die Jahre 2006 bis 2009 geführt. Solche Ereignisse sind i. d. R. nicht vorhersehbar und können somit nicht simuliert werden. Lediglich absehbare Änderungen am Marktdesign, wie beispielsweise eine neue Steuer, könnten Berücksichtigung finden.

(2) Die Auswertung der Erzeugungsmengen hat gezeigt, dass GemCast die Verfügbarkeit von Kernkraft- und Braunkohlekraftwerken überschätzt. An dieser Stelle sollte recherchiert werden, wann und wie lange die verschiedenen Kraftwerkstypen im Durchschnitt jährlich gewartet werden, um dies in der Simulation berücksichtigen zu können. Das gilt auch für alle anderen Kraftwerkstypen, da etwaige strukturelle Änderungen im Kraftwerkspark dazu führen könnten, dass der gleiche Fehler an anderer Stelle auftritt. Darüber hinaus sollten An- und Abschaltkosten in der Merit-Order berücksichtigt werden. Auf diese Weise würde die Abbildung der Auslastung der verfügbaren Erzeugungskapazitäten verbessert werden (vgl. Kap. 4, Absch.

4.2.1, S. 36).

(3) Die von GemCast abgebildete Merit-Order zeigt systematische Abweichungen zum Spotmarkt. Die bereits vorgeschlagenen Änderungen, also die Abbildung der saisonalen Verfügbarkeit von Kraftwerken und die Berücksichtigung von An- und Abschaltkosten, würden die Abbildung insbesondere im unteren Residuallastbereich verbessern. Darüber hinaus sollte geprüft werden, warum GemCast im oberen Residuallastbereich tendenziell einen zu teuren Preis berechnet. Möglicherweise weichen die veranschlagten Grenzkosten für Steinkohlekraftwerke ab. Auch ist unklar, welche Erdgaskraftwerke GuD-Kraftwerke sind und, wenn diese wärmegeführt sind, auf welche Art und Weise deren erzeugter Strom gehandelt wird.

Neben den genannten Fehlerquellen gibt es weitere Fragen und Anregungen, die für die Weiterentwicklung von GemCast relevant sind, wobei auch hier Aufwand und Nutzen – gerade im Hinblick auf die Ziele, die mit der Simulation verfolgt werden – abgeschätzt und Prioritäten festgelegt werden sollten.

- Die vollständige Implementierung und anschließende Validierung des *komplexen Modus* (vgl. Tab. 2, Kap. 2.2, S. 12) um weitere Zielgrößen zu berechnen (Import/Export; Umsätze, Kosten, Gewinne sowie An- und Abschaltkosten je Kraftwerk)
- Eine detailliertere Abbildung des Marktes, z. B. durch die Berücksichtigung von Netzengpässen oder Speichern, würde die Aussagekraft von GemCast zusätzlich erhöhen.
- Es sollte geprüft werden, ob der Detaillierungsgrad bei den verfügbaren Auflösungen „15 Minuten" und „30 Minuten" unnötig hoch ist. Schließlich soll die Simulation für Trendvorhersagen genutzt werden.
- Bei der Recherche hat sich ergeben, dass es bei einigen Daten Unsicherheiten gibt. So schwankt beispielsweise die deutschlandweite Nettostromnachfrage je nach Quelle. Hier besteht weiterer Klärungsbedarf, um die Qualität der gewählten Eingabeparameter besser einschätzen zu können.

- Im Zusammenhang mit der Abbildung von Wartungszeiten der verschiedenen Kraftwerkstypen wäre es nützlich, die Auslastung der Kraftwerke als Parameter auszugeben, um weitere Rückschlüsse aus mikro- und makroökonomischer Sicht ziehen zu können.
- Ferner wurde die Arbeitsweise von Müllverbrennungsanlagen und deren Grenzkosten nicht berücksichtigt. Eine realistische Abbildung dieser Kraftwerke würde die Glaubwürdigkeit von GemCast zusätzlich erhöhen.

Die Recherche hat gezeigt, dass es eine Vielzahl von anderen Projekten in Deutschland gibt, in denen ähnliche Simulationen entwickelt werden. Ein intensiver Austausch mit diesen Gruppen wäre vermutlich von großem Nutzen für die Weiterentwicklung von GemCast.

6 Fazit

Die Kernaufgabe dieser Studie war es, das Simulationsprogramm GemCast, welches zum Erstellen von mittel- bis langfristigen Szenarien über die Entwicklung des deutschen Strommarktes genutzt werden soll, zu validieren. Diese Aufgabe konnte hinreichend gelöst werden, wobei die Validierung so angelegt wurde, dass sie nach Änderungen am Programm wiederholt werden kann. Für die Validierung wurde ein Rückvergleich angestellt. Das heißt die Eingabeparameter der Simulation wurden an historischen Gegebenheiten ausgerichtet und die Ergebnisse wurden mit den entsprechenden historischen Daten verglichen. Dazu wurden zunächst Grundlagen und Daten, die für die Berechnungen notwendig waren, erarbeitet und gesammelt. Anschließend wurde ein achtjähriger Rückvergleich mit Vereinfachungen und ein zweijähriger Rückvergleich mit hohem Detaillierungsgrad durchgeführt. Die Simulationsergebnisse wurden vorgestellt und analysiert, Fehlerquellen wurden untersucht und Verbesserungsvorschläge skizziert.

Die Berechnung der Erzeugungsmengen durch die konventionellen Energieträger (Atomkraft, Braunkohle, Steinkohle, Erdgas) ist nicht valide (Validitätsgrenze 17 %, Betrachtung der jährlichen Mittelwerte). In den simulierten Jahren 2006 bis einschließlich 2013 (Trend-Fall) weichen die Erzeugungsmengen jährlich im Mittel um 36 % ab. Dabei wird die Erzeugung durch Atomkraft und Braunkohle systematisch überschätzt, die Erzeugung durch Erdgas wird unterschätzt und der Einsatz von Steinkohlekraftwerken wird teilweise über- und teilweise unterschätzt. Bei monatlichem Vergleich der historischen und berechneten Erzeugungsmengen (Fein-Fall) sind die relativen Abweichungen größer als bei jährlicher Betrachtung.

Der Spotmarktstrompreis, von welchem alle anderen Strompreise abgeleitet werden, wird – mit Einschränkungen – im Jahresmittel valide berechnet. Zwar weicht der von GemCast berechnete jährliche Strompreis zwischen 2006 und 2009 im Mittel um etwa 20 % ab (Validitätsgrenze 17 %), doch dieser Zeitraum war von starken Marktturbulenzen geprägt (Umbrüche im Emissionsrechtehandel, Weltwirtschaftskrise). In den Jahren 2010 bis 2013 beträgt die mittleren Abweichung lediglich 3,3 % (maximal 9,5 % 2013). Demnach arbeitet GemCast dann valide, wenn der Markt nicht von starken Schwankungen beeinträchtigt wird. Außerdem wurde gezeigt, dass GemCast im niedrigen Residuallastbereich (Atomkraft- & Braunkohlekraftwerke) den Börsenpreis tendenziell überschätzt, im mittleren Bereich (Steinkohlekraftwerke) unterschätzt und im Spitzenbereich wiederum unterschätzt (Erdgaskraftwerke). Diese systematischen Fehler gleichen sich in etwa aus. Sollte sich aber die Zusammensetzung des Kraftwerksparks wesentlich ändern, ist die Validität von GemCast in Bezug auf den Strompreis nicht mehr gewährleistet.

Die Gründe für die Abweichungen des berechneten Energiemixes und des Strompreises wurden gesucht und teilweise ermittelt. Dabei konnte das Wetter als Ursache, also die Lufttemperatur und die Erzeugung aus den verschiedenen EE, ausgeschlossen werden. Es konnte nachgewiesen werden, dass die Erzeugung aus Kern- und Braunkohlekraftwerken, insbesondere in den Sommermonaten überschätzt wird und dass gleichzeitig der berechnete Strompreis zu dieser

Zeit tendenziell zu teuer ist. Ursächlich hierfür ist die Annahme, dass alle Kraftwerkstypen keiner Wartung bedürfen und somit theoretisch das ganze Jahr über voll ausgelastet werden können. Notwendige Wartungsarbeiten werden überwiegend in der warmen Jahreshälfte durchgeführt, weil hier die Stromnachfrage geringer ist und somit die Gewinneinbußen während der Wartungsarbeiten kleiner ausfallen als im Winter. Durch die systematische Überschätzung der Erzeugung aus Atomkraft und Braunkohle wird die Erzeugung von Steinkohle- und Erdgaskraftwerken verzerrt.

Die Abweichungen von GemCast im niedrigen Rediduallastbereich, in dem überwiegend Kern- und Braunkohlekraftwerke zum Zug kommen, entstehen vermutlich durch die Annahme, dass jedes Kraftwerk sofort kostenlos komplett an- bzw. ausgeschaltet werden kann. Dieser Prozess dauert in der Realität bei Kern- und Braunkohlekraftwerken einige Stunden. So kommt es bei niedriger Residuallast häufig zu kurzfristigen Angebotsüberschüssen an der Börse und der Strompreis sinkt unter die Grenzkosten von Kern- und Braunkohlekraftwerken. Auch im mittleren und oberen Residuallastbereich weicht GemCast systematisch ab, wobei die Ursachen hierfür nicht abschließend geklärt werden konnten.

Darüber hinaus wurde beobachtet, dass der Börsenstrompreis bei gleicher Residuallast mitunter stark schwankt. 2013 betrug die Schwankung im Mittel der absoluten Beträge[27] rund 6,50 €/MWh und maximal ca. 102,50 €/MWh (bei 12,8 GW Residuallast). Demnach ist ein starres Merit-Order Modell nicht hinreichend, um den genauen Strompreis zu schätzen. Möglicherweise könnten Abweichungen von GemCast durch eine dynamische Merit-Order verringert werden, wobei vorweg geklärt werden sollte, ob dies für Trendvorhersagen notwendig ist.

Zusammenfassend gesagt, arbeitet GemCast bei der Berechnung des Energiemixes nicht valide. Für den Strompreis berechnet GemCast valide Jahresmittelwerte, vorausgesetzt der Strommarkt unterliegt keinen großen Turbulenzen und die Zusammensetzung des Kraftwerksparks ändert sich nicht wesentlich. Da genau solche Änderungen des Kraftwerksparks mit GemCast untersucht werden sollen, besteht Weiterentwicklungsbedarf. Nichtsdestotrotz korrelieren die Berechnungsergebnisse erstaunlich gut mit den entsprechenden Strommarktdaten. Vor allem, da das Modell auf starken Vereinfachungen basiert und diese Studie die erste Validierung von GemCast ist, sind die Ergebnisse durchaus positiv. Die beobachteten systematischen Abweichungen erlauben gezielte Korrekturmaßnahmen, durch welche die Glaubwürdigkeit von GemCast deutlich gesteigert werden könnte. Eine anschließende, erneute Validierung ist auf Grundlage dieser Studie mit deutlich geringerem Aufwand möglich.

---

[27]Abweichung von der linearen Trendlinie der Vierteilfunktion des Strompreises über der Residuallast, vgl. Anhang A.2.4, 1. Abb..

Literatur

[Age13] AGENTUR FÜR ERNEUERBARE ENERGIEN: *Studienvergleich: Entwicklung der Volllaststunden von Kraftwerken in Deutschland.* http://www.forschungsradar.de/uploads/media/AEE_Dossier_Studienvergleich_Volllaststunden_juli13.pdf, 2013. – [Stand: 25.04.2016]

[Amm14] AMMON, Martin: *Einfluss der CO2-Zertifikatspreise auf die Stromgestehungskosten im deutschen Energiemix.* Technische Universität Bergakademie Freiberg : http://link.springer.com/article/10.1007%2Fs12398-014-0124-1, 2014. – [Stand: 25.04.2016]

[Arn15] ARNOLD, Hanna: *E-Mail-Auskunft zur Veröffentlichung „Emissionshandel für Klimaschutz und Energiewende".* Bundesministerium für Umwelt, Naturschutz, Bau und Reaktorsicherheit (BMUB) : Veröffentlichung s. http://www.isi.fraunhofer.de/lehre-wAssets/docs/kit/rainer-walz/de/ss15/Texte-SS2015/Textauszug-08-Emissionshandel.pdf (Stand: 25.04.2016), 2015. – [21.10.2015]

[BHST05] BODE, Sven ; HÜBL, Lothar ; SCHAFFNER, Joey ; TWELEMANN, Sven: *Ökologische und wettbewerbliche Wirkungen der Übertragungs- und der Kompensationsregel des Zuteilungsgesetzes 2007 auf die Stromerzeugung.* Hamburg Institute of International Economics : https://www.econstor.eu/dspace/bitstream/10419/32907/1/ 497847930.pdf, 2005. – [Stand: 25.04.2016]

[Buc15] BUCHHOLZ, Peter: *Modellgestützte Analyse und Optimierung.* Technische Universität Dortmund : http://ls4-www.cs.tu-dortmund.de/download/buchholz/MAO/skript.pdf, 2015. – [Stand: 25.04.2016]

[Bun15a] BUNDESMINISTERIUM FÜR UMWELT, NATURSCHUTZ, BAU UND REAKTORSICHERHEIT (BMUB): *Emissionshandel für Klimaschutz und Energiewende.* http://www.isi.fraunhofer.de/lehre-wAssets/docs/kit/rainer-walz/de/ss15/Texte-SS2015/Textauszug-08-Emissionshandel.pdf, 2015. – [Stand: 25.04.2016]

[Bun15b] BUNDESMINISTERIUM FÜR WIRTSCHAFT UND ENERGIE (BMWI): *Zahlen und Fakten Energiedaten - Nationale und Internationale Entwicklung.* http://www.bmwi.de/DE/Themen/Energie/Energiedaten-und-analysen/Energiedaten/gesamtausgabe, 2015. – [Stand: 25.04.2016]

[Bun15c] BUNDESMINISTERIUM FÜR WIRTSCHAFT UND ENERGIE (BWMI): *Zeitreihen zur Entwicklung der erneuerbaren Energien in Deutschland.* http://www.erneuerbare-energien.de/EE/Navigation/DE/Service/Erneuerbare_Energien_in_Zahlen/ Zeitreihen/zeitreihen.html, 2015. – [Stand: 25.04.2016]

[Bun15d] BUNDESNETZAGENTUR: *Kraftwerksliste.* http://www.bundesnetzagentur.de/DE/Sachgebiete/ElektrizitaetundGas/ Unternehmen_Institutionen/Versorgungssicherheit/Erzeugungskapazitaeten/ Kraftwerksliste/kraftwerksliste-node.html, 2015. – [Stand: 25.04.2016]

[DKM+07] DIEKMANN, J. ; KREWITT, W. ; MUSIOL, F. ; NICOLOSI, M. ; RAGWITZ, M. ; SENSFUSS, F. ; WEBER, Ch. ; WISSEN, R. ; WOLL, O.: *Fachgespräch zum „Merit-Order-Effekt".* Deutsches Institut für Wirtschaftsforschung (DIW), Deutsches Zentrum für Luft- und Raumfahrt (DLR), Zentrum für Sonnenenergie- und Wasserstoff-Forschung (ZSW), Universität zu Köln, Fraunhofer Institut für System- und Innovationsforschung (ISI), Universität Duisburg-Essen : http://www.bmub.bund.de/fileadmin/bmu-import/files/pdfs/allgemein/ application/pdf/thesenpapier_meritordereffekt.pdf, 2007. – [Stand: 25.04.2016]

[EHSV08] ELLERSDORFER, Ingo ; HUNDT, Matthias ; SUN, Ninghong ; VOSS, Alfred: *Preisbildungsanalyse des deutschen Elektrizitätsmarktes.* Universität Stuttgart, Institut für Energiewirtschaft und Rationale Energieanwendung (IER) : http://www.ier.uni-stuttgart.de/publikationen/pb_pdf/Ellersdorfer_ Preisbildungsanalyse.pdf, 2008. – [Stand: 25.04.2016]

[Eur07] EUROPEAN COMMISON: *DG Competition Report On Energy Sector Inquiry.* http://ec.europa.eu/competition/sectors/energy/2005_inquiry/full_report_ part2.pdf, 2007. – [Stand: 25.04.2016]

[Eur15a] EUROPEAN ENERGY EXCHANGE (EEX): *Kontraktspezifikation - Dokumentversion 0046b.* https://www.eex.com/dl/en/trading/64924/file, 2015. – [Stand: 25.04.2016]

[Eur15b] EUROPEAN ENERGY EXCHANGE (EEX): *Pressemitteilung - EEX erreicht Rekordvolumina in 2014.* https://www.eex.com/blob/82644/ fe99b44aeba444b5328b23b0a2cd2ce4/20150119-eex-jahresrueckblick-data.pdf, 2015. – [Stand: 25.04.2016]

[Eur15c] EUROPEAN NETWORK OF TRANSMISSION SYSTEM OPERATORS FOR ELECTRICITY (ENTSO-E): *Consumption Data.* https://www.entsoe.eu/data/ data-portal/consumption/Pages/default.aspx, 2015. – [Stand: 25.04.2016]

[Eur15d] EUROPEAN POWER EXCHANGE (EPEXSPOT): *Description Of Indices Derived From EPEX SPOT Markets.* https://www.epexspot.com/document/33607/

2015-10-EPEXSpot_Indices.pdf, 2015. – [Stand: 25.04.2016]

[Eur15e] EUROSTAT: *Energy statistics - quantities, annual data*. http://ec.europa.eu/ eurostat/web/energy/data/database, 2015. – [Stand: 25.04.2016]

[Fra15] FRAUNHOFER-INSTITUT FÜR SOLARE ENERGIESYSTEME (ISE): *Monatliche Stromerzeugung in Deutschland*. https://energy-charts.de/energy_de.htm, 2015. – [Stand: 25.04.2016]

[GB09] GROSCURTH, Helmuth-M. ; BODE, Sven: *Anreize für Investitionen in konventionelle Kraftwerke — Reformbedarf im liberalisierten Strommarkt*. arrhenius Institut für Energie- und Klimapolitik : http://www.arrhenius.de/uploads/media/ arrhenius_DP2_Investionen_in_ konventionelle_Kraftwerke.pdf, 2009. – [Stand: 25.04.2016]

[GHLL14] GÖTZ, Philipp ; HENKEL, Johannes ; LENCK, Thorsten ; LENZ, Konstantin: *Negative Strompreise: Ursachen und Wirkungen*. Energy Brainpool GmbH : http://www.agora-energiewende.de/fileadmin/downloads/publikationen/Studien/ Negative_Strompreise/Agora_NegativeStrompreise_Web.pdf, 2014. – [Stand: 25.04.2016]

[Ins15] INSTITUT FÜR ARBEITSSCHUTZ DER DEUTSCHEN GESETZLICHEN UNFALLVERSICHERUNG (IFA): *GESTIS-Stoffdatenbank*. http://gestis.itrust.de/ nxt/gateway.dll/gestis_de/000000.xml?f=templates$fn=default.htm$3.0, 2015. – [Stand: 25.04.2016]

[Int15] INTERNATIONAL ENERGY AGENCY (IEA): *Germany: Electricity and Heat for 2011*. http://www.iea.org/statistics/statisticssearch/report/?country= GERMANY&product=electricityandheat&year=2011, 2015. – [Stand: 25.04.2016]

[Kon13] KONSTANTIN, Panos: *Praxisbuch Energiewirtschaft - Energieumwandlung, -transport und -beschaffung im liberalisierten Markt*. 3. Aufl. Berlin Heidelberg New York : Springer-Verlag, 2013. – ISBN 978–3–642–37265–0

[Lon07] LONDON ECONOMICS ; GLOBAL ENERGY DECISIONS: *Structure and Performance of Six European Wholesale Electricity Markets in 2003, 2004 and 2005: Part II – Results for Germany and Spain*. http://ec.europa.eu/competition/sectors/energy/ 2005_ inquiry/electricity_final_part2.pdf, 2007. – [Stand: 25.04.2016]

[LWB⁺05] LINDENBERGER, Dietmar ; WISSEN, Ralf ; BARTELS, Michael ; HILLEBRAND, Bernhard ; BUTTERMANN, Hans G.: *Ökonomische Auswirkungen alternativer Laufzeiten von Kernkraftwerken in Deutschland*. Energiewirtschaftliches Institut an der Universität zu Köln (EWI) und Energy Environment Forecast Analysis GmbH

(EEFA) : www.eefa.de/pdf/kernenergie_EWI_EEFA.pdf, 2005. – [Stand: 25.04.2016]

[Mat15a] MATZ, Christopher: *E-Mail-Auskunft über Frage zur Emissionsrechtepreis-entwicklung (marketdata@eex.com)*. European Energy Exchange (EEX) : s. a. https://www.eex.com/de/marktdaten#/marktdaten (Stand: 25.04.2016), 2015. – [23.11.2015]

[Mat15b] MATZ, Christopher: *E-Mail-Auskunft über Marktdaten (marketdata@eex.com)*. European Energy Exchange (EEX) : s. a. https://www.eex.com/de/marktdaten#/marktdaten (Stand: 25.04.2016), 2015. – [15.07.2015]

[May14] MAYER, Johannes N.: *Analyse negativer Strompreise und Rückschlüsse für die Integration von EE in das Stromsystem*. Fraunhofer Institut für Solare Energiesysteme (ISE) : s. Anhang (A.3), 2014

[MKB13] MAYER, Johannes N. ; KREIFELS, Niklas ; BURGER, Bruno: *Kohleverstromung zu Zeiten niedriger Börsenstrompreise*. Fraunhofer Institut für Solare Energiesysteme (ISE) : https://www.ise.fraunhofer.de/de/downloads/pdf-files/aktuelles/kohleverstromung-zu-zeiten-niedriger-boersenstrompreise.pdf, 2013. – [Stand: 25.04.2016]

[NDSS13] NEUHOFF, Karsten ; DIEKMANN, Jochen ; SCHILL, Wolf-Peter ; SCHWENEN, Sebastian: *Strategische Reserve zur Absicherung des Strommarkts*. German Institute for Economic Research (DIW Berlin) : https://www.econstor.eu/dspace/bitstream/10419/88274/1/773016686.pdf, 2013. – [Stand: 25.04.2016]

[Org15] ORGANISATION FOR ECONOMIC CO-OPERATION AND DEVELOPMENT (OECD): *Electricity generation: Total, Gigawatt-hours, 2000 – 2014*. https://data.oecd.org/energy/electricity-generation.htm, 2015. – [Stand: 25.04.2016]

[RH10] ROON, Serafin von ; HUCK, Malte: *Merit Order des Kraftwerkparks*. Forschungsstelle für Energiewirtschaft e. V. (FfE) : https://www.ffe.de/download/wissen/20100607_Merit_Order.pdf, 2010. – [Stand: 25.04.2016]

[RMV08] RENNINGS, Klaus ; MARKEWITZ, Peter ; VÖGELE, Stefan: *Inkrementelle versus radikale Innovationen am Beispiel der Kraftwerkstechnik*. Zentrum für Europäische Wirtschaftsforschung (ZEW) : http://www.econstor.eu/handle/10419/27564, 2008. – [Stand: 25.04.2016]

[Sch15] SCHWAIGER, Florian: *E-Mail-Auskunft zu ENTSO-E Daten*. Daten s. https://www.entsoe.eu/data/data-portal/consumption/Pages/default.aspx (Stand: 25.04.2016), 2015. – [25.08.2015]

[Sei09]   SEIFERT, Jan M.: *Preismodellierung und Derivatebewertung im Strommarkt -*
            Theorie und Empirie. www.ksp.kit.edu/download/1000018070, Diss., 2009. –
            [Stand: 25.04.2016]

[Sta15a]   STATISTISCHES BUNDESAMT: *Anteil der erneuerbaren Energieträger am*
            Bruttostrom- und Primärenergieverbrauch ab 1991. https://www.destatis.de/
            DE/ZahlenFakten/Wirtschaftsbereiche/Energie/Erzeugung/Tabellen/
            ErneuerbareEnergie.html , 2015. – [Stand: 25.04.2016]

[Sta15b]   STATISTISCHES BUNDESAMT: *Elektrizitätserzeugung, Nettowärmeerzeugung,*
            Brennstoffeinsatz: Deutschland, Monate, Energieträger.
            https://www-genesis.destatis.de/genesis/online/data, 2015. – [Stand: 25.04.2016]

[Sta15c]   STATISTISCHES BUNDESAMT: *Index der Großhandelsverkaufspreise nach*
            Wirtschaftszweigen des Großhandels (WZ 2008): Großhandel mit Erzen, Metallen
            und Metallhalbzeug. https://www.destatis.de/DE/Publikationen/Thematisch/
            Preise/Grosshandelspreise/GrosshandelsverkaufspreiseLangeReihenPDF_
            5612801.pdf?___blob=publicationFile, 2015. – [Stand: 25.04.2016]

[Sta15d]   STATISTISCHES BUNDESAMT: *Preise - Daten zur Energiepreisentwicklung.*
            https://www.destatis.de/DE/Publikationen/Thematisch/Preise/Energiepreise/
            EnergiepreisentwicklungPDF_5619001.pdf?___blob=publicationFile, 2015. –
            [Stand: 25.04.2016]

[Sta15e]   STATISTISCHES BUNDESAMT: *Preise - Erzeugerpreise gewerblicher Produkte*
            (Inlandsabsatz) Preise für leichtes Heizöl, schweres Heizöl, Motorenbenzin und
            Dieselkraftstoff. https://www.destatis.de/DE/Publikationen/Thematisch/Preise/
            Erzeugerpreise/ErzeugerpreisePreisreiheHeizoelPDF_5612402.pdf?___blob=
            publicationFile, 2015. – [Stand: 25.04.2016]

[Sta15f]   STATISTISCHES BUNDESAMT: *Verbraucherpreisindex für Deutschland.*
            https://www.destatis.de/DE/ZahlenFakten/GesamtwirtschaftUmwelt/
            Preise/Verbraucherpreisindizes/Tabellen_/VerbraucherpreiseKategorien.html,
            2015. – [Stand: 25.04.2016]

[SZKS11]   STAHL, Knut ; ZUNFT, Stefan ; KESSLER, Stefan ; SIEBERT, Michael:
            Flexibilisierung von GuD-Kraftwerken durch den Einsatz von
            Hochtemperatur-Wärmespeichern. In: *GuD-Kraftwerke im dynamischen Betrieb*
            978-3-942980-80-7 (2011), S. 147–156

[Uni07]   UNION FOR THE CO-ORDINATION OF TRANSMISSION OF ELECTRICITY (UCTE):
            System Adequacy Retrospect 2006. https://www.entsoe.eu/fileadmin/user_upload/

_library/publications/ce/systemadequacy/sar/UCTE_SAR_2006.zip, 2007. –
[Stand: 25.04.2016]

[U.S15]   U.S. ENERGY INFORMATION ADMINISTRATION (EIA): *Total Electricity Net
Consumption - Germany.* http://www.eia.gov/beta/international/data/
browser/#?iso=DEU&c=00000000000g&ct=0&cy=2013&start=1980&end=2013
&ord=SA&vs=INTL.2-2-DEU-BKWH.A&v=T&vo=0&so=0&io=0&pa=
0000002&f=A&ug=8&tl_type=p&tl_id=2-A, 2015. – [Stand: 25.04.2016]

[Wie10]   WIESNER, Markus: *Der Stromgrosshandel in Deutschland - die Anwendung des
Wertpapierhandelsgesetzes auf den deutschen Stromgrosshandel zur Stärkung der
Marktintegrität.* 1. Aufl. Pieterlen : Peter Lang, 2010. – ISBN 978-3-631-59847-4

[WKB+07] WAGNER, Hermann-Josef ; KOCH, Marco K. ; BURKHARDT, Jörg ; BÖCKMANN,
Thomas G. ; FECK, Norbert ; KRUSE, Philipp: *CO_2-Emissionen der
Stromerzeugung - Ein ganzheitlicher Vergleich verschiedener Techniken.*
Ruhr-Universität Bochum : https://www.vdi.de/fileadmin/vdi_de/redakteur
_dateien/geu_dateien/FB4-Internetseiten/CO2-Emissionen%20der%20
Stromerzeugung_01.pdf, 2007. – [Stand: 25.04.2016]

Anhang

Die im Hauptteil gezeigten Abbildungen sind teilweise Auszüge aus einer Gruppe von Diagrammen. Im Folgenden werden die weiteren Abbildungen gezeigt, durch welche die getroffen Aussagen aus zusätzlichen Perspektiven bekräftigt werden. Darüber hinaus sind alle Daten, die der Validierung zugrunde liegen virtuell angehängt (s. A.3).

Das Programm GemCast ist nicht angehängt, da der Lizenzierungsprozess noch nicht abgeschlossen ist. Dieser wird voraussichtlich im Laufe des Jahres (2016) abschlossen sein. Auf Anfrage[28] besteht also mittlerweile eventuell die Möglichkeit, das Programm zu erhalten und zu nutzen.

A.1 Zusätzliche Abbildung zum Trend-Fall

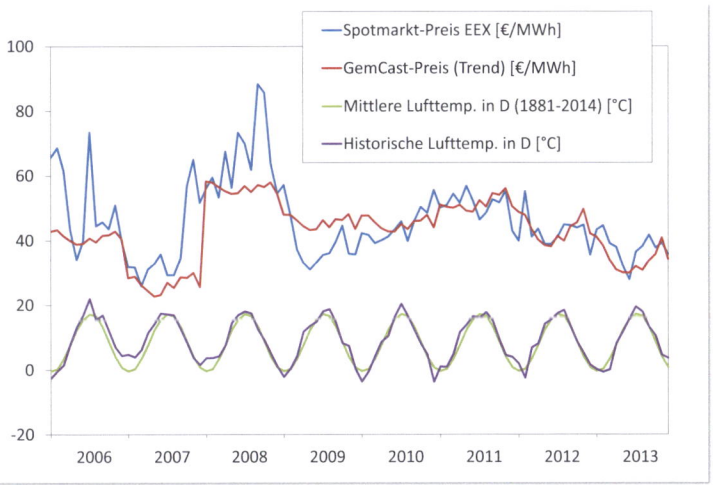

Preis- und Temperaturverläufe

---

[28]pierrelaurenz@gmx.de

A.2 Zusätzliche Abbildungen zum Fein-Fall

A.2.1 Fein-Fall im Überblick

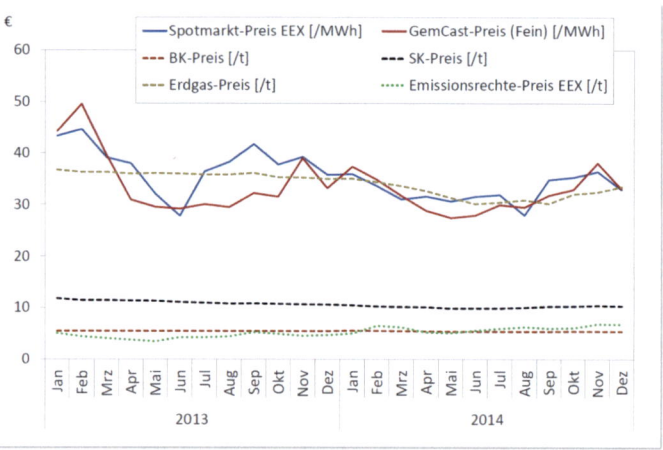

Strom-, Brennstoff- und Emissionsrechtepreise

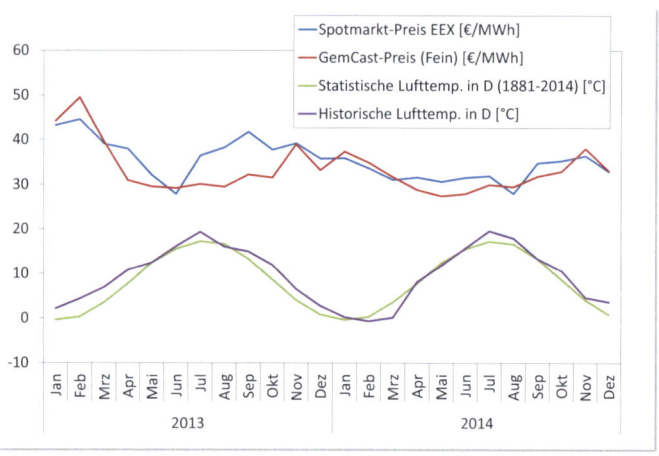

Preis- und Temperaturverläufe

A.2.2 Fein-Fall: Charakteristische Monate

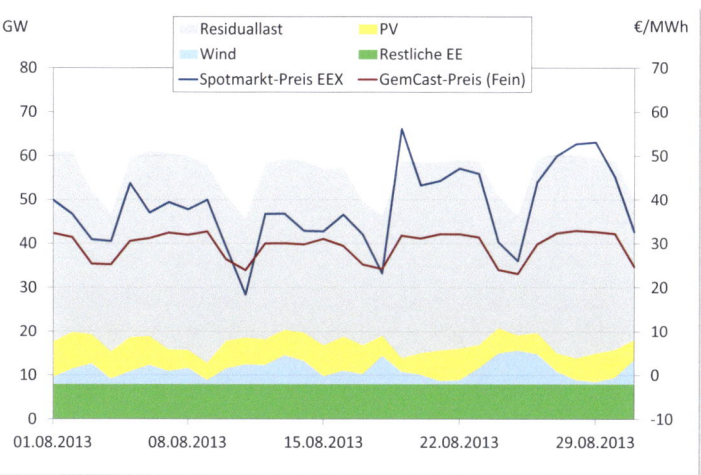

Fein-Fall: Monat mit großer mittlerer positiver Preisdifferenz (EEX-GemCast)

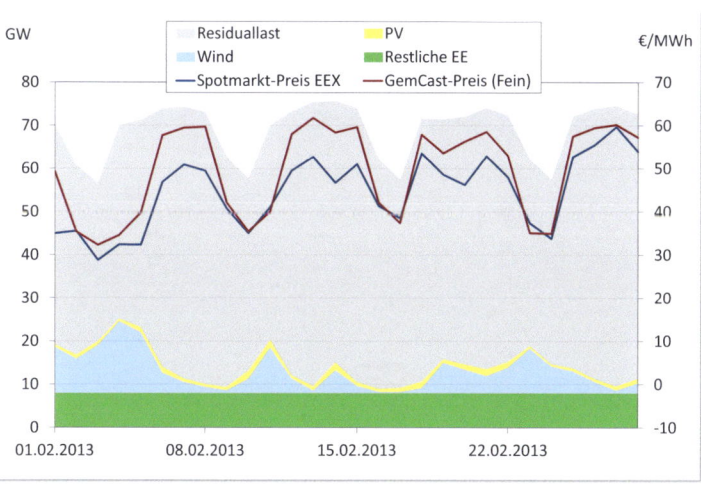

Monat mit der größten mittleren negativen Preisdifferenz (EEX-GemCast)

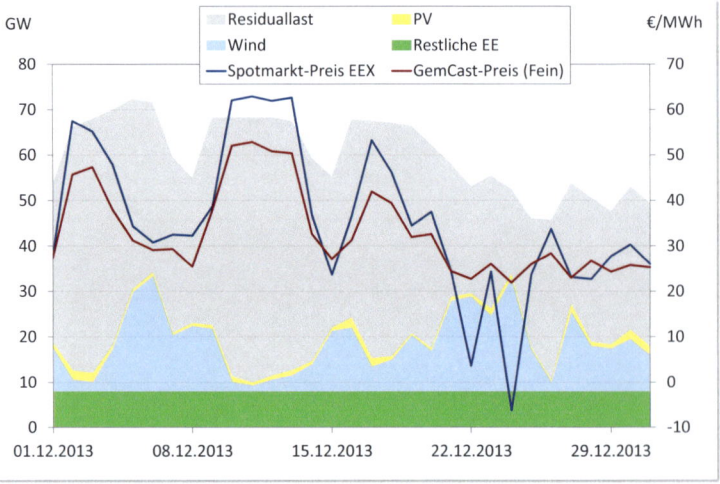

Monat mit dem größten mittleren absoluten Preisdifferenzbetrag (|EEX-GemCast|)

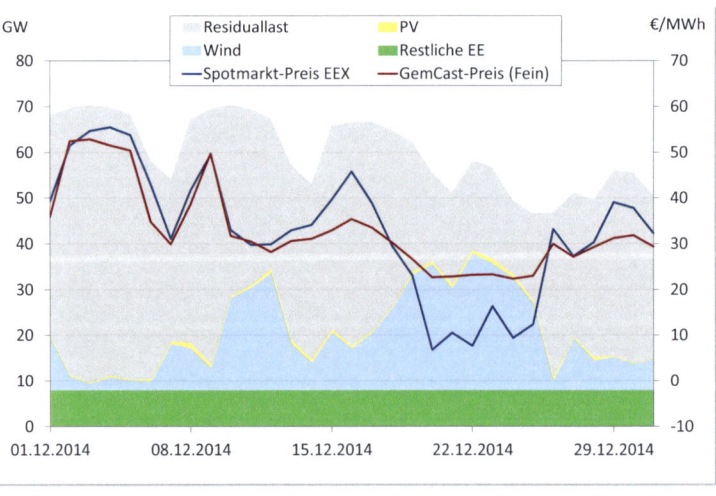

Monat mit der geringsten mittleren Preisdifferenz (EEX-GemCast)

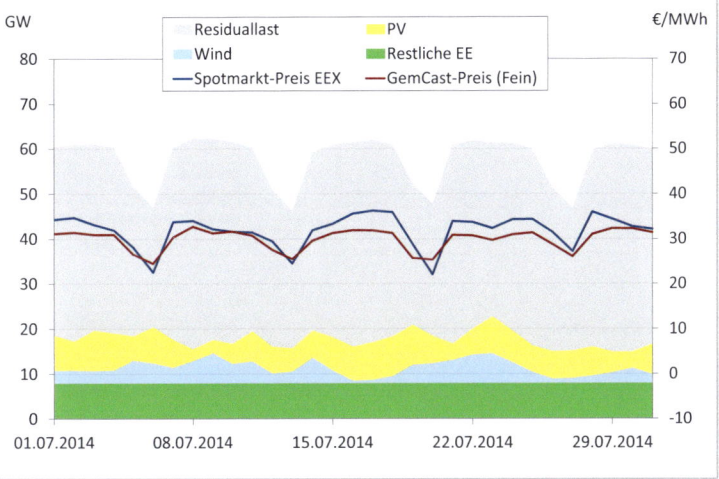

Monat mit dem geringsten mittleren absoluten Preisdifferenzbetrag (|EEX-GemCast|)

A.2.3 Fein-Fall: Charakteristische Wochen

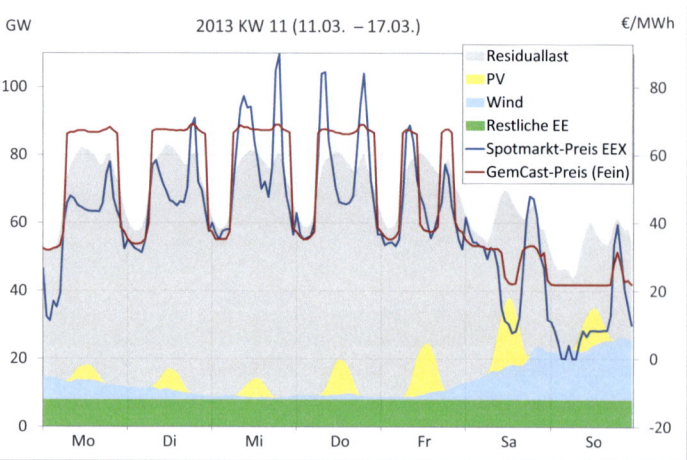

Woche mit der größten mittleren positiven Preisdifferenz (EEX-GemCast)

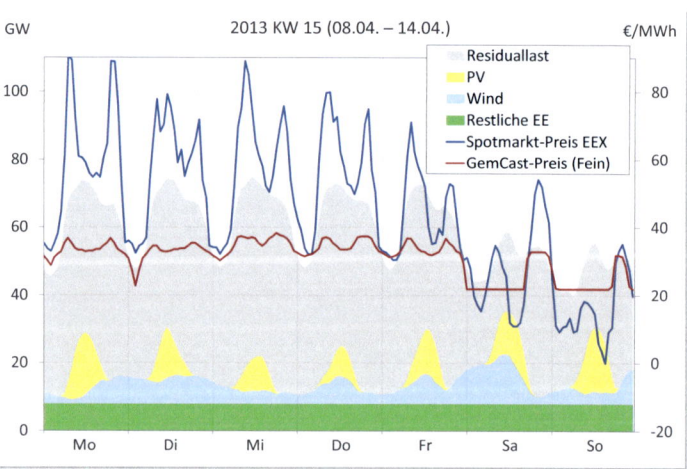

Woche mit der größten mittleren negativen Preisdifferenz (EEX-GemCast) mit dem größten mittleren absoluten Preisdifferenzbetrag (|EEX-GemCast|)

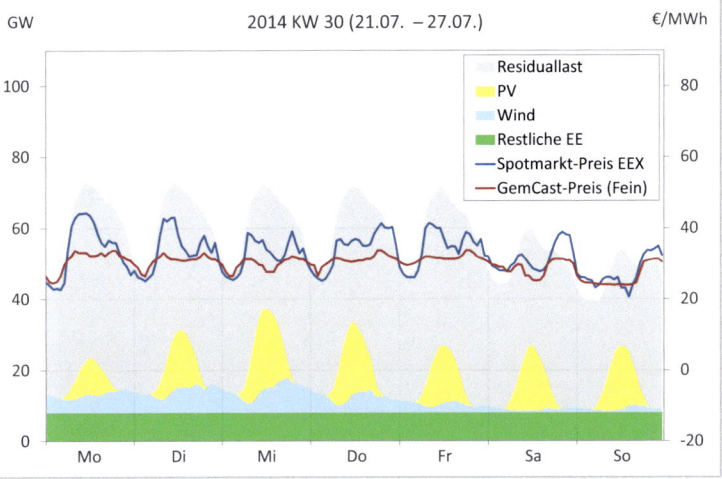

Woche mit dem geringsten mittleren absoluten Preisdifferenzbetrag (|EEX-GemCast|)

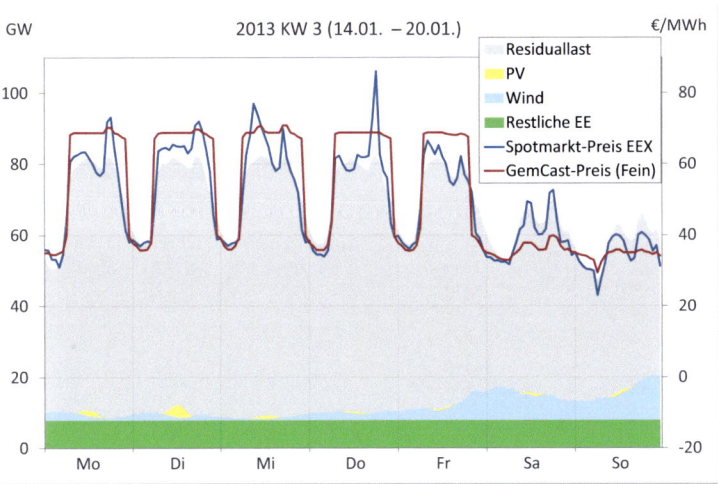

Windarme Woche mit wenig Sonneneinstrahlung

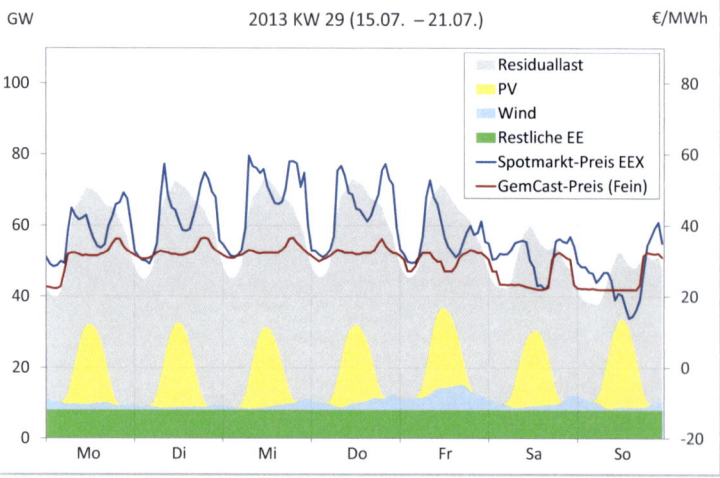

Windarme Woche mit viel Sonneneinstrahlung

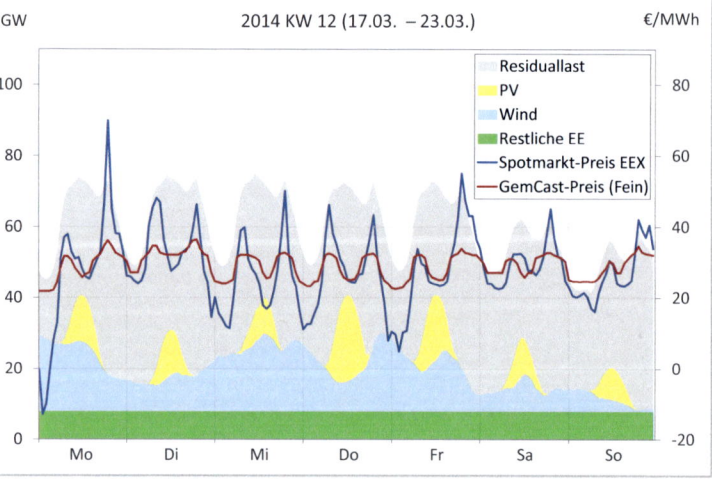

Windreiche Woche mit viel Sonneneinstrahlung

A.2.4 Fein-Fall: Merit-Order GemCast vs. Real

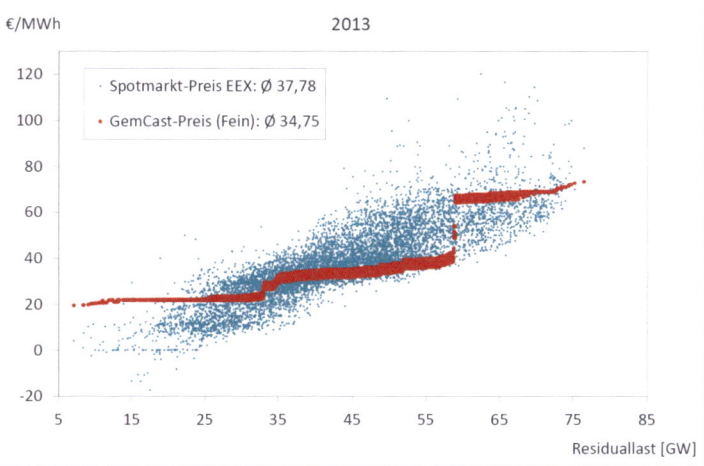

Merit-Order GemCast vs. Spotmarkt

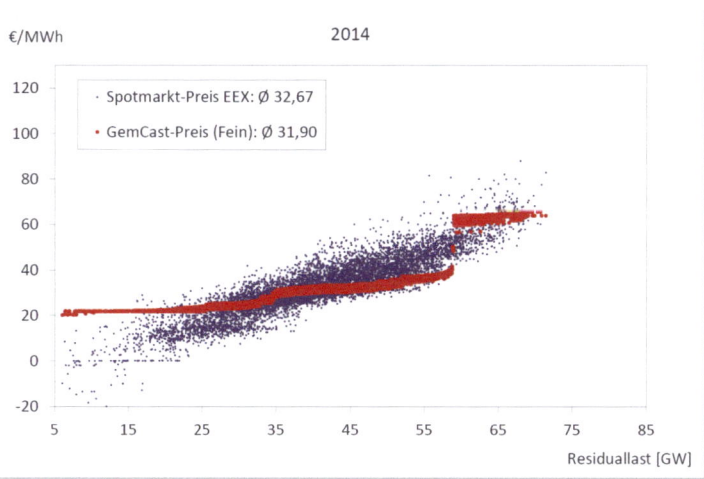

Merit-Order GemCast vs. Spotmarkt

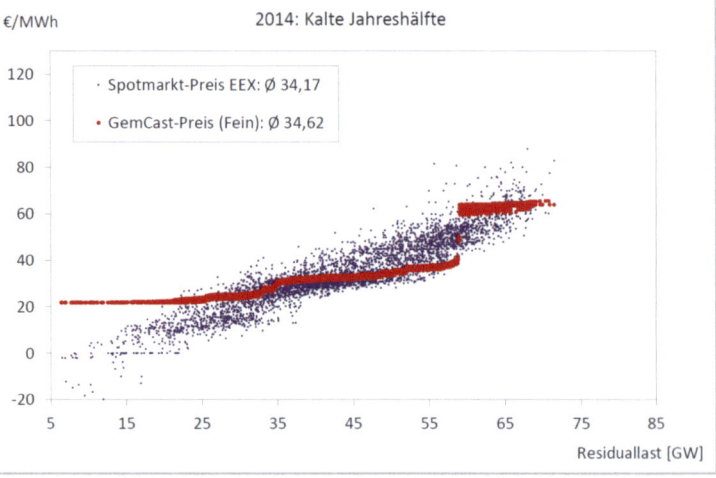

Merit-Order GemCast vs. Spotmarkt

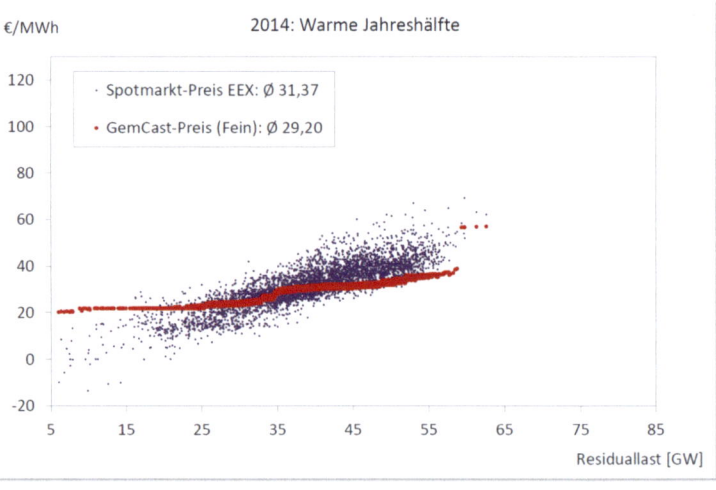

Merit-Order GemCast vs. Spotmarkt

A.2.5 Fein-Fall: Abweichung von GemCast 2013 und 2014 über Last, Residuallast, EE-, Wind- & PV-Erzeugung

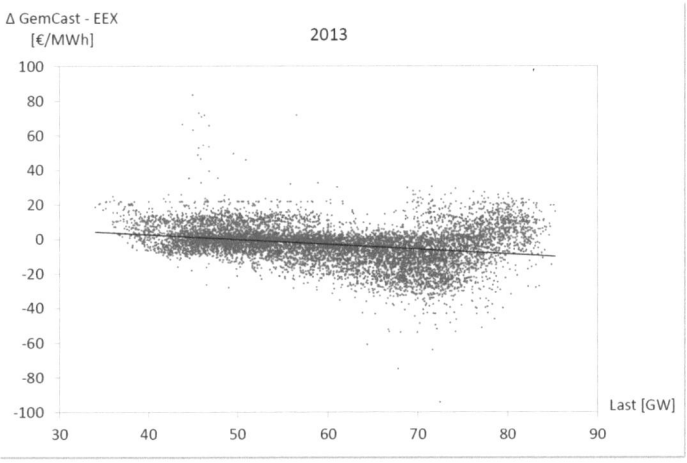

Abweichung von GemCast über Last

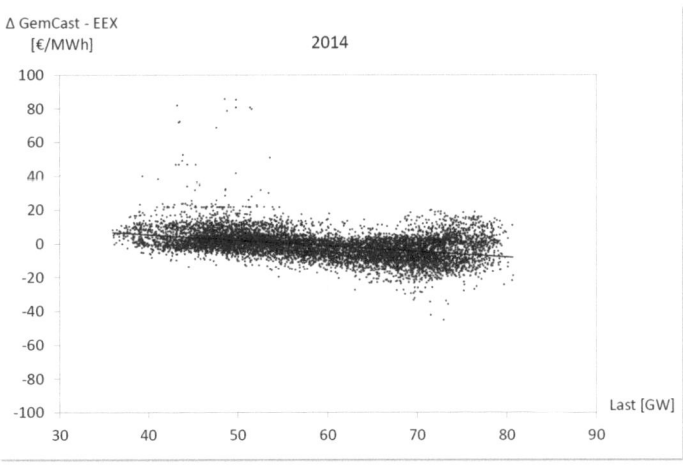

Abweichung von GemCast über Last

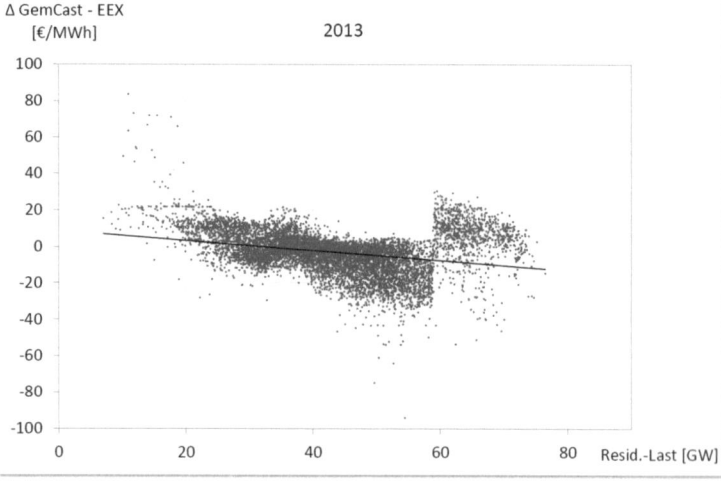

Abweichung von GemCast über Residuallast

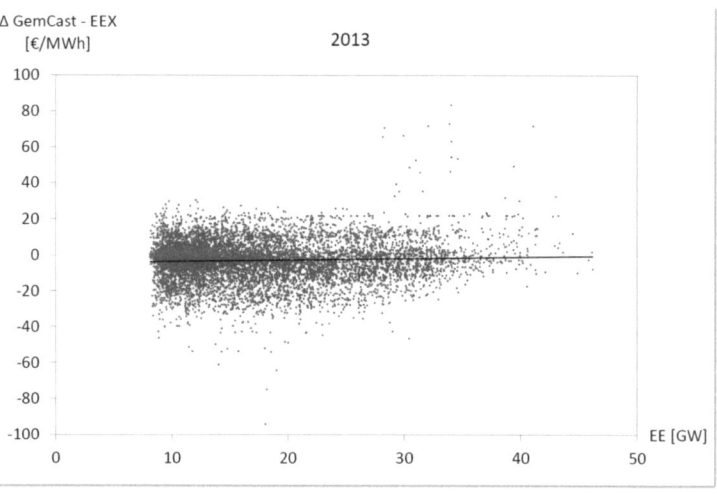

Abweichung von GemCast über gesamte EE-Erzeugung

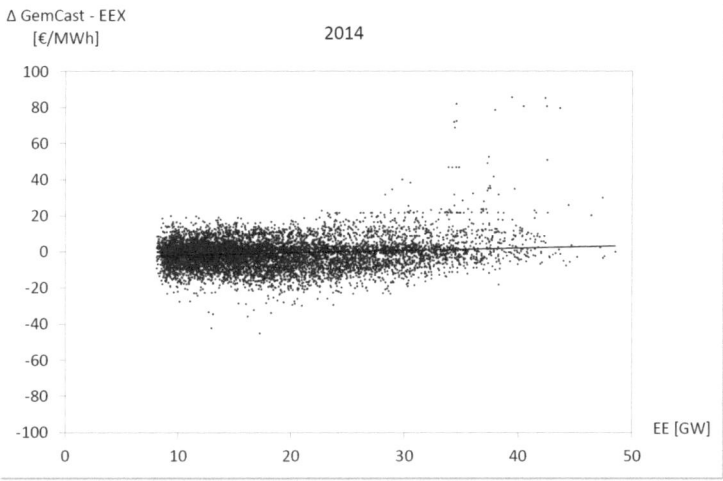

Abweichung von GemCast über gesamte EE-Erzeugung

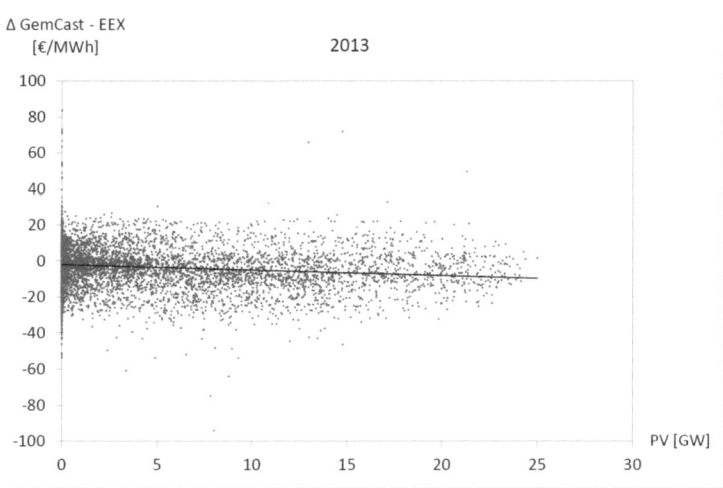

Abweichung von GemCast über PV-Erzeugung

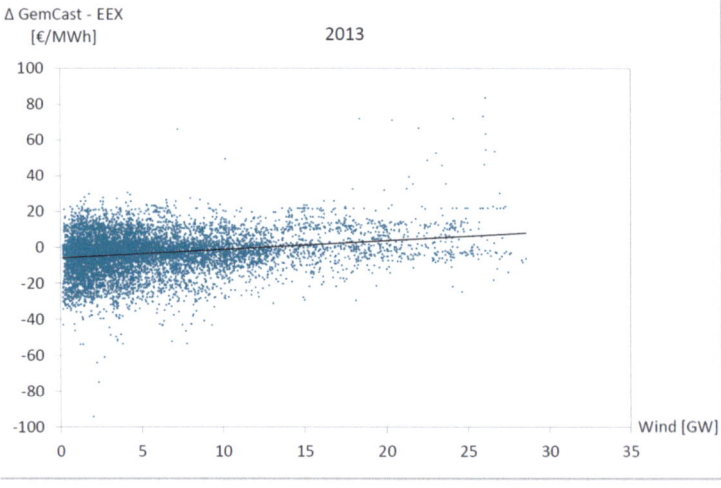

Abweichung von GemCast über Winderzeugung

A.2.6 Sonstige Abbildungen

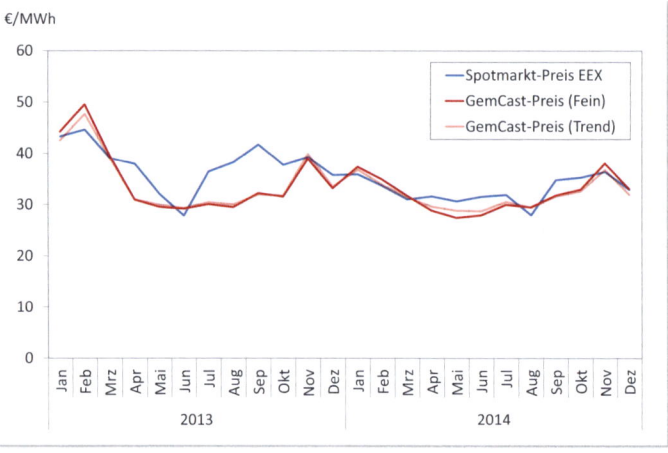

Szenariofehler: GemCast-Preis im Fein-Fall und GemCast-Preis mit modifizierten Inputparametern (Trend: EE-Erzeugung und Lastkurve für 2013 als Projektion von 2014 und für 2014 als Projektion von 2013)

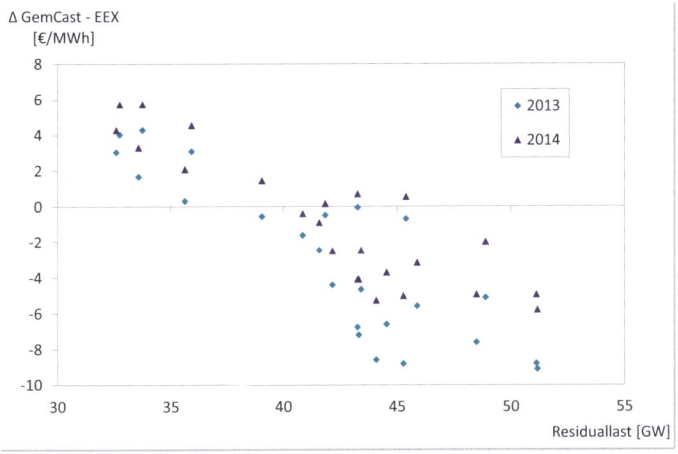

Mittlere Abweichung pro Tagesstunde von GemCast über Residuallast

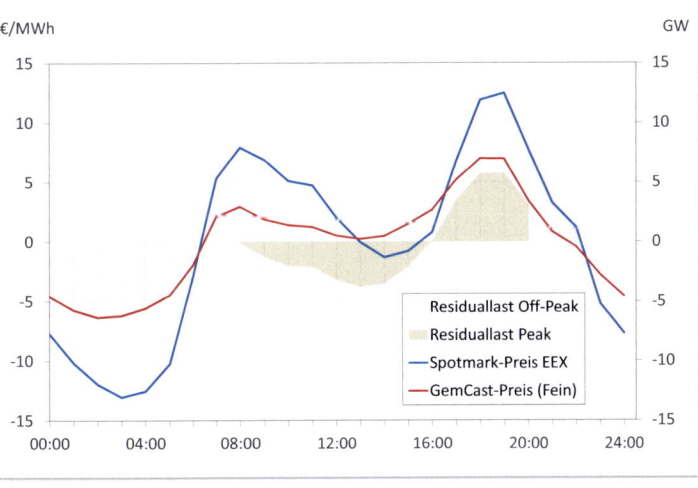

Mittlere stündliche Abweichungen vom jeweiligen Tages- bzw. Halbtagesmittelwert im Fein-Fall (2013 & 2014)

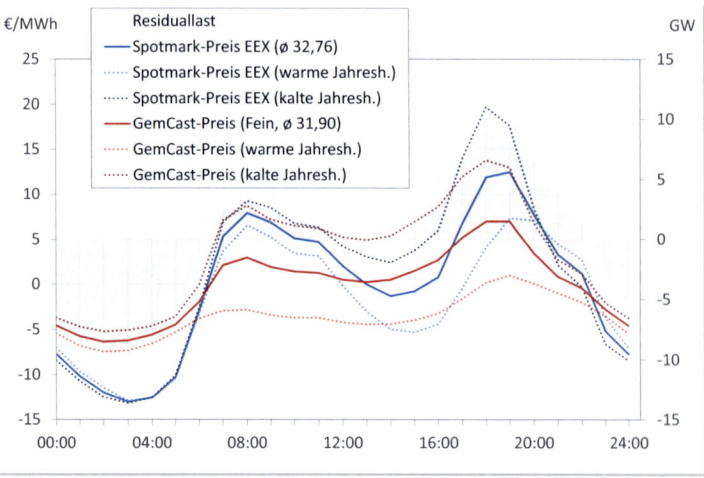

Mittlere stündliche Abweichungen vom jeweiligen Tagesmittelwert im Fein-Fall (2013 & 2014, warme Jahreshälften: Apr.–Sept., kalte Jahreshälften: Jan.–März & Okt.–Dez.)

A.3 Datenpaket

In dem Datenpaket[29] befinden sich folgende Dateien:

- Elektronische Version der Studie (PDF)
- Daten für die Validierung mit Hinweisen (*.csv, *.xlxs, *.txt)
- Alle Abbildungen einzeln (*.pdf, *.png)
- Alle elektronisch verfügbaren Quellen (*.pdf, *.xlxs)
- Softwarehandbuch zu GemCast (PDF)

---

[29]Download-Link auf Anfrage (pierrelaurenz@gmx.de).

Niklas Reisinger

Green-IT-Strategien für den Mittelstand

Nachhaltige Lösungen in der IT und durch IT-Unterstützung

Diplomica 2014 / 100 Seiten / 39,99 Euro

ISBN 978-3-8428-9061-9
EAN 9783842890619

Niklas Reisinger

Green-IT-Strategien für den Mittelstand

Nachhaltige Lösungen in der IT und durch IT-Unterstützung

Reihe Nachhaltigkeit
Band 59

Lange Zeit galt Ökologie als limitierender Faktor für die Wirtschaft. Durch nachhaltige IT-Lösungen · unter dem in den letzten Jahren aufgekommenen Begriff Green IT zusammengefasst · wird Ökologie zunehmend ökonomisch. Green IT bezeichnet sowohl energieeffiziente IT-Hardware und -Infrastruktur als auch nachhaltige Lösungen, die mit IT-Unterstützung in Bereichen außerhalb der IT realisiert werden. Immer mehr Unternehmen entwickeln Strategien, um Green IT im eigenen Unternehmen zu etablieren. Das Potenzial „grüner" Informationstechnologie haben bisher überwiegend große Unternehmen erkannt. Green IT funktioniert jedoch nahezu unabhängig von der Unternehmensgröße, sodass eine Übertragung auf den in Deutschland traditionell starken Mittelstand naheliegend ist.

Steffen Wütz

Der Product Carbon Footprint

Die Erfassung von
Treibhausgasemissionen mittels
CO2-Fußabdruck

Steffen Wütz

Der Product Carbon Footprint

Die Erfassung von Treibhausgasemissionen
mittels CO2-Fußabdruck

Diplomica 2015 / 148 Seiten /
44,99 Euro

ISBN 978-3-95934-562-0
EAN 9783959345620

Reihe Nachhaltigkeit
Band 63

Diplomica Verlag

Die anhaltende Diskussion über den Klimawandel, einer der „zentralen Herausforderungen, der sich Industrie und Gesellschaft gegenübersehen.", weckte in der Bevölkerung das Interesse, den individuellen Einfluss auf das Klima zu erfassen.

Für Unternehmen erwächst durch die Nachfrage von Produkten und Dienstleistungen mit einer geringeren Emissionsbilanz die Bedeutung, Treibhausgasemissionen wie CO2 und Methan entlang des kompletten Lebenszyklusses (Life Cycle Assessment · LCA) eines Produktes oder einer Dienstleistung zu erfassen. Die Klimaverträglichkeit kann dabei mittels eines sog. CO2-Fußabdrucks, auch Product Carbon Footprint (PCF) genannt, aufgezeigt werden.

Wissenschaft und Praxis sehen hier das vorrangige Problem im Fehlen einer international anerkannten, standardisierten Vorgehensweise zur Erfassung von Treibhausgasemissionen. Eine globale Bewertung der Nachhaltigkeit kann nur gewährleistet werden, wenn eine gleich gewichtete Betrachtung aller Dimensionen der Nachhaltigkeit – Ökologie, Ökonomie und Soziales – erfolgt. Dies beinhaltet neben den Treibhausgasemissionen weitere Aspekte wie Gesundheit, Sicherheit und Zufriedenheit der Mitarbeiter.

Um Unternehmen dennoch die Möglichkeit zu geben, ihre Logistikkette in Bezug auf Nachhaltigkeitsanforderungen bewerten zu können, wird in dieser Arbeit ein entsprechender Handlungsleitfaden entwickelt. Hierdurch soll schon vor der Veröffentlichung internationaler Normen eine optimale Ausgangssituation zur Bilanzierung der Nachhaltigkeit ermöglicht werden.

Pierre Laurenz

Das Potenzial von Photovoltaik-Anlagen mit Energiespeicher

Wirtschaftlichkeit, Eigenverbrauch
und Autarkiegrad am Beispiel Ecolar-
Home

Diplomica 2014 / 96 Seiten /
44,99 Euro

ISBN 978-3-8428-9783-0
EAN 9783842897830

Pierre Laurenz

Das Potenzial von Photovoltaik-Anlagen
mit Energiespeicher

Wirtschaftlichkeit, Eigenverbrauch und
Autarkiegrad am Beispiel Ecolar-Home

Reihe Nachhaltigkeit
Band 61

Die Studie analysiert das Potenzial dezentraler stationärer
Batteriespeichersysteme kombiniert mit netzgekoppelten Photovoltaikanlagen
im privathäuslichen Bereich aus Sicht des Eigentümers. Die Speicherung
elektrischen Stroms gewinnt zunehmend an Bedeutung, um so die Fluktuation
von Wind- und Solarenergie auszugleichen.
Für die Analyse wird ein hochauflösendes Simulationsprogramm entwickelt,
mit dem verschiedene Anlagengrößen und Speicherkapazitäten verglichen
werden können. Dazu werden alle wichtigen wirtschaftlichen und technischen
Kennzahlen simultan berechnet: Gesamtkosten, Rendite, Amortisationszeit,
Stromgestehungskosten, Speicherkosten pro Kilowattstunde,
Eigenverbrauchsanteil und Autarkiegrad. Einspeisevergütung und
Speicherförderung fließen mit in die Berechnungen ein.
Anhand der Simulationsergebnisse werden Zukunftsszenarien zur
Wirtschaftlichkeit von Photovoltaikanlagen mit Speicher, gegenüber Anlagen
ohne Speicher, erstellt, analysiert und bewertet. Hierbei werden
unterschiedliche Marktentwicklungen berücksichtigt. Gleichzeitig werden die
wichtigsten Zusammenhänge zwischen Wirtschaftlichkeit, Autarkie und
Eigenverbrauch gezeigt.